HEART

心|視野

HEART

心|視野

父母情緒幼稚，該如何守護我自己

即使不被肯定，
你依然可以欣賞自己的美好

琳賽・吉普森 Lindsay C. Gibson 著
洪慈敏 譯

Self-Care for
Adult Children of Emotionally
Immature Parents

獻給我的姊姊瑪麗・卡特・巴布考克，
她總是看到我最好的一面。

好評推薦

「每個人都是獨一無二的存在，卻也與這個世界的人事物有了緊密的連結。在覺察自我，了解自我，探索自我，實現自我之下，好好活出真真切切的生命劇本。」

——王意中，王意中心理治療所所長／臨床心理師

「琳賽·吉普森的著作是一座寶庫，帶給讀者豐富的實用見解、智慧和啟發，她不但是認真又資深的專業人士，對人類境況具有深刻了解，還能將知識轉化為好讀易懂的文字。我本身就有一對情緒不成熟的父母，因此本書像是開了一扇靈魂之窗，對我伸出援手並拉了我一把。」

——亞琳・英格朗（Arlene Ingram），擁有三十五年經驗的退休輔導教師；維吉尼亞諮商師學會及波托馬克與切薩皮克大學入學輔導協會前會長

「琳賽終於出了千呼萬喚的新作！如果你有情緒不成熟的父母，《父母情緒幼稚，該如何守護我自己》可以提供難能可貴的暖心建議和指導。她引領我們重新當自己的父母，並時時提醒我們值得擁有更好的人生！本書是一定要收藏的琳賽・吉普森作品。」

——艾美・奎里科尼（Ameé Quiriconi），Podcast《破碎媽媽》（*One Broken Mom*）主持人、《無畏女子的創業指南》（*The Fearless Woman's Guide to Starting a Business*）作者

「吉普森再度寫了一本震撼人心的作品，緊緊抓住讀者的目光，真心鼓勵讀者追求『最棒的人生』。雖然她主要的訴說對象是受到情緒不成熟的父母和親友影響的人，但本書的真知灼見讓所有人都能感同身受，並從中獲得學習。我身為退休的治療師，把它從頭到尾讀了兩次，並誠心推薦給其他同事及朋友。」

——茱蒂．史奈德（Judy K. Snider），合格社工，
「美國母親票選好讀獎」作品《我愛你，請小心》（*I Love You, Be Careful*）共同作者

「你值得被善待，你夠好了，你很重要，不管你與父母的關係如何，你都有資格被愛。在本書的引導之下，你會開啟一段自我療癒的歷程，進而成長並獲得自信。你與自己建立的關係會陪你走到人生盡頭。」

——喬安娜．古特拉（Joanna Gutral），波蘭華沙 SWPS 大學心理學家；
合格認知行為心理治療師；心理教育領袖；Podcast《善心》（*Kind Mind*）主持人

「這本文字優美的著作是給自己最好的禮物。琳賽．吉普森將賦予你意想不到的技巧和洞察力，帶你走向更快樂美滿的人生。」

——塔拉．比克斯比（Tara Bixby），認證專業諮商師，
「courageously.u」創辦人及 Podcast《勇敢的你》（*The Courageously.u*）主持人

「這是一本有關『愛』的書。琳賽・吉普森的文字傳達出具有療癒力量的同理心與愛，引導我們健康地愛自己與他人。她簡短又充滿智慧的話語不乏自我照護策略和幽默詼諧的隱喻。她一針見血的見解既引人發噱又令人感傷，但最終將為你帶來希望與勇氣。」

——茱莉亞・史密斯（Julia C. Smith）博士，認證臨床心理學家

「琳賽・吉普森就像一名溫柔又慈愛的母親，定期讓我們坐下來，教導我們如何好好過生活，並用這本條理分明、簡明扼要的作品重啟我們的教養歷程。在父母情緒不成熟的陰影下長大的孩子，往往最需要自我照護，卻很難做到，而琳賽・吉普森運用抽絲剝繭的方式，讓我們得以了解自己、愛自己。」

——安卓亞・馬修斯（Andrea Mathews），治療師、講者及《放下良善》（*Letting Go of Good*）作者

Contents

八、情緒成熟的教養

第三部 我與逆境——面對挑戰的心態

九、接受真實人生

十、減輕壓力

十一、善待自己

引言
沒有人教你的事

本書的目的是陪伴你走過自我探索的旅程。如果你有情緒不成熟的父母，他們可能會期待你把他們放在第一位，使得你被迫忽視自己的聲音，這時記得翻開本書，提醒自己把重心放回自身。

如同我在前幾本書裡所描述的，如果你的雙親脆弱又扭曲，便無法告訴你如何順從直覺和感受，找出適合你和當下情況的解決方案。情緒幼稚的父母通常不會教導孩子如何滋養內心和做自己。因此，我集結了一篇篇短文，幫助你記住哪些方式能讓你感到完整、充滿自信並擁有最美好的人生。

這些文章的用處在於帶你邁向自我覺察和自我實現，並鼓勵你採取某些態度和行動來讓生活變得更輕鬆簡單。我把它們寫下來，就是為了讓你在需要的時候隨時都能得到鼓勵。這些見解將觸動你的內心深處，你會比以往都更接近真正的自我。我希望你能重新和自己產生連結，正視你的情緒，修正對自身錯誤的認知。當你讀到從來沒有意識到的真相時，一定會激動不已。我也希望你在讀每篇文章時，感受到有人吐露出了你的心聲，恍然大悟：「對，我就是這樣」或「沒錯，我懂」，即使你是第一次讀這些文字。

每一篇文章都有關自我照護、人際關係和解決問題，提醒你灌溉正在成長的自我，接納內心世界，並保護情緒不受傷害。換句話說，首要之務是**鼓勵你面對真實的自己**。

在前面幾本書中，我已經以平鋪直敘的方式解析過情緒不成熟的現象，來進行教導和引導，但這本短文集不容錯過，它以較鬆散的方式啟發洞察力。讓你在靈光乍現時，隨時可以翻開來閱讀，進行簡短又愉快的觀察和反思，最終得到信心以面對最大的挑戰。我們也會嘗試新的想法和不同的作法，幫助你與**真我**達到和諧的境界。你會在內在自我找到平靜、快樂和深層的自信。你會對自己感到滿意，發現人生和它帶來的挑戰對你的成長具有意義和啟示。書中的見解分成幾個部分，包含照顧自己、維持健康的關係，以及充滿自信地面對人生挑戰，這三個範疇能引領你走向更快樂美滿的人生。

在第一部，我們將探討自我照護如何建立在自我覺察的基礎上。隨著你變得越來越能夠主動地自我覺察，知道自己真正想要什麼，你會感到更有餘裕地掌握人生。你能夠相信自己的內心世界，並保護情緒不受傷害。

接下來，我們將處理人際關係，以及它們帶來的挑戰；學習追尋愛和欣賞差異，還有怎麼應付有毒的人。當你了解自己，並鎮定地回應他人，互動就會變得更良好。你不需要容忍對方傷人的舉動，或是為對方的缺陷找藉口。相反地，你可以很實際地去面對，承認他們對你造成的影響，別再逼自己為他們的自尊和快樂負責。你可以靠自己決定要花多少時間和注意力在難搞的人身上。

值得慶幸的是，你一定也會遇見熱心又善良的人，讓你相信自己，並在情緒上找到避風港。當你感受到他們的正面態度和無條件的接納時，內在力量就會變得強大。這些相處起來輕鬆愉快的人會讓你知道，在好的關係當中，雙方能享受彼此的陪伴並互相鼓勵，而不是將自我的提升建立在別人的犧牲上。這些特別的人將教會你愛與信任，以及正視自己的感受。

在有關教養的章節中，我們將看看哪些態度和作法最適合孩子。很多擁有情緒不成熟父母的人都會擔心自己變得跟父母一樣，不希望孩子經歷跟自己一樣的童年。但如果你是一個會自我反思的人，了解育兒和與人相處的基本二三事，就不必擔心。一旦你了解自己的過去和如何被對待，就不會把這樣的經驗複製在任何人身上，更別說是親生子女。只要你掌握了大方向，知道孩子的到來能教導我們人生課題，那麼你將以想像不到的方式從他們身上獲得學習。

如果你被情緒不成熟的父母養大，任何不同的意見或設下的界線都會被貼上「自私」和「不貼心」的標籤。你被教導要犧牲自己才能證明忠誠和愛，而且為自己著想等於是拋棄他人。你也可能被教導，日常生活當中的挑戰是不合理、不公平的，讓你因此不知所措。你的父母用自身的例子教導你要害怕任何你控制不了的事物。但我們會探索另一種看待人生的方法，幫助你照顧自己，並用接納的態度和適當的技巧處事，而非陷入恐慌。

在本書的最後一個部分中，你將學會以更有成效的方式面對人生和挑戰。你將了解到只要願意傾聽，人生就會告訴你該如何接受現狀並善加處理。你也將了解到，人生會不斷要求你為了自己變得更積極主動。用這樣的態度去解決問題，你會把挫折當成創意的激發、把失望當成重新思考的契機，檢視自己真正想要的是什麼。

當你用正面的態度看待人生時，就會漸漸知道一切並非毫無道理，已經發生的事能夠為你的成長帶來意義和支持，而壓力是一種警訊，告訴你正在偏離正軌。你可以透過放慢腳步和靜心傾聽來留意壓力帶來的訊息，並相信自己有能力**靠直覺**找到有效解決問題的方法，並溫和地化解恐懼。

你無時無刻都在創造自己的人生。你的人生是像許多情緒不成熟的人一樣，總是不願面對現實，也不肯承認事實？還是你會試著將事情簡化，採取直截了當的態度，從你要的結果出發，再回頭創造新的起點？你覺得自己一事無成時，是否能坦然面對並包容錯誤？人生會在這些時刻要求你當一名藝術家——非常棒的藝術家，能夠超越過去的錯誤，留下足夠的空白，讓創意得以揮灑。一旦你開始把生活當成你的作品，而非強加在身上的負荷，就會更有自信和技巧地過生活，

本書將為你開啟新的視野，幫助你培養技能，讓人生更圓滿，對自己更友善，目標是讓你與真實的自我以及人生的智慧進行整合。書中的見解將啟發你更深一層地探索真正的自己，透過自我反思的過程讓改變比想像中更容易。

如果你跟自己不同步，別陷入絕望。如果你被父母留給你的問題困住，必須小心翼翼地應付他們的脆弱，讓自己變得猶豫不決又渺小不堪，你可以做出改變。如果你習慣批判自己，你可以改掉這種行為。這些事情都與你真正的本質無關。你不該感到困惑、內疚或被批

判。唯一該問的合理問題是：你如何運用目前所擁有的一切？

所有人生的真正本質都是追求蓬勃發展、成長茁壯和更多的生命力，你的也不例外。但你可能已經學會了遠離與童年依附經驗有關的愛、忠誠和恐懼。他人可能已經為你設下了條件去定義你的價值，而實際上從頭到尾你都擁有自己的價值。一旦你發展出自我覺察，重拾與自我的連結，罪惡感和扭曲的觀念就會煙消雲散，它們不再揮之不去，也不再有任何意義，因為你已經與自己、你的人生以及對的人站在一起。你將了解到人生不會阻礙你前進，保護自己不代表你自私，感到厭倦也不代表你不貼心，沒有人有權力告訴你應該怎麼去思考和感受。這些錯誤認知已經侵犯了你的基本權利，只要你準備好了，就可以把它們拋開。

本書將讓你了解，取悅他人是你心甘情願做的好事，而不是為了乞求他人善待你，因為你從一開始就應該如此被對待。你將擁有新的人生，會像驕傲、用心、成熟的父母一樣好好照顧自己。你也將擁有自信，可以安心地做自己。祝福你與志同道合的人建立關係，把人生當作是一場具有挑戰性的遊戲，只要你用對方法就能無往不利。

如果這些見解能在這個過程中成為陪伴你的力量，我會比任何人都還要開心。

第一部

我與自我

——如何保護和照顧自己

1

把自己擺前面

如果你在長大的過程中，太常把別人放在第一位，你可能會過著消極被動而非積極進取的人生。你可以學會當自己的主人翁和守護者，珍視和支持內在的本質。你所獲得的自我覺察將讓你專注於真正的自我，並由此紮根。

找尋真正的自我是一個令人振奮的過程，只要你下定決心，不再隨意將它擺在不對的地方，就能獲得源源不絕的能量。

01

與自己打好關係

把時間留給自己，就像把時間留給你愛的人。

「自我關係」是所有人際關係當中最重要的一環，它影響你是否能與他人產生真正的連結。了解自己並欣賞內在能讓你成為更完整的人，進而理解和愛其他人。遺憾的是，如果你成長的家庭漠視你的內心世界，你可能會忽略這段內在關係。

在童年時期，當他人罔顧或否定你的內在經驗時，你的內心世界似乎不值得被認真看待。如果他人不去傾聽你內心深處的感受，你也會開始對這些感受充耳不聞。你有豐富的內心世界，它能帶你走過風風雨雨，但你學會不去直視。

自我疏離的人會貶低自己的感受，說出以下話語：「我知道這很蠢，但……」或「這沒什麼大不了的，承認很丟臉。」他們恥於自己的內在經驗，不但不相信內在的指引，也無法坦然面對真實感受。但你的內在經驗定義了你是誰。你的工作就是去注意並理解內心發生了什麼事。為了保持情緒健康，你必須把時間留給自己，就像把時間留給你愛的人。

當你忽視自己的感受和想法時，內心世界會感到空虛，開始把所有注意力放在他人和外在環境，然後期待他人來填補自我忽略所造成的空洞。這麼做會讓你和你的內心世界更加疏離，甚至強化一種錯誤信念：「你只能從自身以外的地方得到安全感和鼓舞。」在這樣的信念下，對你來說，人際關係會變得令人沮喪，因為你依賴他人而非自己給予認可。

任何社交活動都填補不了自我關係薄弱所造成的空洞。當你批判否定自己的真實想法和感受時，會塑造出一種焦慮依賴的生活，把他人的眼光看得比什麼都還重要。

認真對待並好好消化你的內在經驗。給自己足夠的時間沉澱。把想法寫在日記裡。列出夢想清單。學會透過冥想來探索內在世界。這麼做能讓你把注意力放回自身，知道自己值得被傾聽和尊重。

要建立起強大的內在自我，這是唯一的方法。你仔細觀察就會發現，你的內心世界能夠運用靈感和直覺，帶你走向幸福快樂的人生。只要你有意識地做出深思熟慮的決定，聽從內心的聲音，就能找到重心並自我引導。一旦你開始關注內在回饋，就會察覺人事物為你帶來的真正影響。

當你偏離本質太遠時，「真實自我」一定會讓你知道。從現在開始關注和傾聽內在指引，它會追蹤你的內心狀態，透過你的情緒、活力和出人意表的想法來進行更新，時時監測你是否快樂，並藉由提升或降低你的活力來告訴你，什麼選擇對你最好。隨著你的想法和計畫越來越符合真實自我的需求，你會感到容光煥發、活力十足、精神百倍。當你的興趣逐漸高漲，變得專心致志，那你就是做了對的選擇。記得從現在開始**關注和傾聽**內在指引。

相反地，如果想到某件事會讓你意志消沉，那它可能不適合你。活力大幅降低代表真正的你無法被滿足。儘管顯而易見，但驚人的是，就算我們感到心灰意冷，卻往往還是硬撐下去，說服自己這麼做是對的。大部分的人都知道，這樣長久下來通常不會有好結果。

作為一個人，你有能力讓自己茁壯繁盛。如果你不先重視自己，很難去善待他人。如果你感到內疚，把自己放在最後一位，你可能會偷偷期待他人來照顧你，因為你無法照顧自己。但別一味認為他人應該比你更關心你的需求。

如果你需要更多證據來證明良好的自我關係有多重要，想想那些功成名就的人士，他們總是深切關注自己的內心世界。我們理所當然地認為知名演員、諾貝爾獎得主、偉大的音樂家和舉世聞名的藝術家這麼做很正常。沒有人會去質疑他們是否太過關注自己的想法和靈感，或者沒有把時間和精力投注在別人的要求上是否妥當。我們也應該如此效法。

02

你有存在的權利

你會感到自尊心受創是因為自己的獨特性被否定。

每次有人提到自尊心低落這件事，我都會想到一個很老的卡通，有個男人頭上插著一支箭，跟醫生抱怨頭痛。笑點是在這個情況下，他最不該擔心的就是頭痛，而自尊心低落也是如此。自尊心低落的人其實有更深一層的問題，也就是在某個時間點，有人讓他們懷疑自己存在的價值。

無數人過著工作、育兒的日常生活，同時不斷質疑自己是不是有資格站在這裡。他們從未真心擁有歸屬感或覺得受到重視。他們可能認為自己的角色和工作具有價值，但對於自身的內在本質卻不是這麼確定。

不過，每個孩子來到這個世界上，都是毫無疑問地接納自我需求，這是所有自尊心的根源。自尊心穩固的人知道他們真實的內在需求，也知道這些需求值得被滿足。**懷疑**這些需求的正當性會破壞一個人自我價值的基礎。

自尊心低落的人來到我的辦公室，總是想著：「我到底怎麼了？」但我想的是：「你發生了什麼事？」我會這樣想，是因為我知道這些人並不是一出生在這個世界上就覺得自己有缺陷，或懷疑自己存在的權利，直到遇到另一個人有如弓箭般的否定和批判。

問問自己，在你的人生中，誰最喜歡這麼做？情緒不成熟的父母經常背著滿是貶低話語的箭筒，毫不留情地射向你。自尊心低落就像頭上插滿著弓箭在過生活。這些已經內化的箭頭總是伴隨著你的思緒出現，既尖銳又刺人。

你會感到自尊心受創是因為自己的獨特性被否定。自尊心低落的人會在肢體語言中顯露出這樣的想法，不斷試圖讓自己變得隱形。

不過，即使是害怕被言語刺傷的人，對生命和歸屬感還是會有強烈渴望。他們有一天會質疑自我的低評價，他們會意識到自己存在的權利，開始表達需求，最終克服自尊心低落的問題。

每個人都應該好好接受這樣的事實：我們的存在是理所當然的。一旦你想通了這一點，找出誰是你人生中的弓箭手，提升自尊心就不再是你關注的唯一焦點，它會延伸至自我表達的喜悅和自我保護的權利。

自尊心代表你決定了你有存在的權利，更重要的是，對人生樂在其中。

03

自我認同的陷阱

你的壓抑和自我設限的信念，只不過是搞錯身分認同的情況罷了。

我注意到在療程中，總是有人會說：「我平常不會這樣。」或另一個大家最愛講的：「我不是這種人。」每次有人用這種方式描述自己，我都可以聽見扭曲的自我概念發出微小回音。他們的否認並沒有反映出事實。

相反地，這些信念像是將從跳蚤市場撿來的二手衣，拿來套到自己身上。這些人否認的特質或行為不符合他們過度狹隘的自我概念。或許我聽到的那微小異音是一種焦慮，想要跳脫情緒不成熟父母強加在他們身上的概念。

比較死板或容易受到威脅的父母會很清楚地表示，某些特質或行為是不好的，會導致被否定或處罰。相反地，如果孩子照父母的意思行事，這樣的父母可能就會對此表現出溫暖或認同的態度。

當孩子的本質與父母的個性可以互相配合時，孩子的內心是和諧的，因為他可以很輕鬆地符合父母的期望，也覺得跟爸爸或媽媽相似而有安全感。這樣的認同能促進連結和成長。不過，當孩子必須變成另一個樣子才能取悅成人（尤其是情緒不成熟的父母）時，焦慮、羞恥或沮喪很快地就會隨之而來。他們開始覺得自己是個冒牌貨，或是事情永遠做得不夠好。這是因為在某個程度上，父母傳遞出一個訊息：你必須表現出跟原本的自己不一樣的樣子。這些孩子必須努力去符合期望。

天生聽話、服從的孩子符合情緒不成熟父母的內化孩子描述，他們會極力說服自己一定是錯的，因為父母一定是對的。這些孩子會根據「自己應該要有的樣子」來形成身分認同。不符合期望的特質則會被否認。

要不是**壓抑**真正的自我需要耗費太多力氣，不然這麼做或許行得通。你花越多力氣取悅父母，就會越無力進行成熟的自我發展，找不到自己的路。為了被家人接納而埋藏本性，令人身心俱疲。

你的抱負、喜好、興趣和夢想會告訴你，你是什麼樣的人。它們吸引你去做的事，能讓你的努力得到最好的回報。跟隨它們能增進活力、樂觀和希望，因為它們在本質上會為你帶來力量。如果情緒不成熟的父母不認同，做這些事情可能會造成焦慮，但你要記住，焦慮經常是成長的副產品。每個人在嘗試新行為時，都會感到有點不習慣或害怕。

所以，如果你發現自己說出「我不是這種人」等話語，問問自己：「我怎麼知道？」你是真的打從心底這麼認為，還是因為他人讓你對那些興趣感到不自在？進行心理治療有個好玩的地方，那就是看著人們開始問自己這些問題，然後敞開心房述說自己其實與家人眼中的模樣並不相同。你的壓抑和自我設限的信念，只不過是搞錯身分認同的情況罷了。當你發現這一點，就能得到莫大的喜悅。

04

為自己感到驕傲

驕傲是在成長中自然產生的愉悅感。

有愉悅感才會成長。園藝高手知道這個道理，珍惜孩子的父母也是。對某人的成長表現出喜悅，能激勵這個人繼續嘗試。好的老闆會這麼做，最棒的配偶會這麼做，而我們也應該這麼做。對自己的進步充滿熱忱是我們最強大的動力。

來自他人的讚美可能巨大到令人忍不住歡呼，也可能微小到讓眼神變得柔和。但不管以什麼樣的方式呈現，被讚美的人都會因為把事情做對了而感到驕傲。在童年時期，稱讚會像路燈一樣指引道路。沒有什麼玄機，就是跟隨著笑容。後來，你學會讓自己感到驕傲來重溫這種好的感受。驕傲是在成長中自然產生的愉悅感。

但自豪與自戀經常被混為一談。如果你感到自豪，你可能會擔心被討厭或被修理。因此，有些人會一概否認成就帶來的喜悅，以免得到報應。驕傲甚至被貼上「罪惡」的標籤，自負的態度在社會上經常不被接受。

另一個將自豪汙名化的行為是「對童年微小成就的過度讚美」，像是在班上獲得獎狀，或是在少棒隊拿到過多的獎盃。許多成年人對這種過度讚美反感，認為它對孩子一點好處也沒有。事實上，根據研究顯示，比起因為努力（無論成功與否）而被稱讚的兒童，因為成就而被過度讚美的許多兒童反而會變得更加小心翼翼和缺乏動力。

不過，如果你是成人，而且試著在人生中做出正面改變，那麼你就必須注意到自己最微不足道的成就，並好好享受這種開心的感覺。這麼做跟找出你真正想要改變的事情一樣重要。你鼓勵自己成長，並樂在進步的過程中。你感受到的快樂會告訴大腦繼續加強這些改變後的新行為。

可惜的是，你可能不會注意到並慶祝這些正面改變，而是告訴自己別得意忘形。更糟的是，你可能告訴自己樂極會生悲，這是恆常的道理。那麼大腦就會對這種新的作法或行為踩剎車，因為你感受到的是焦慮，而非樂趣。

當情況好轉時，先別急著匆匆走過這段最棒的時光，而是該問問自己怎麼做到的。如果你不去分析自己做對的事情，並以此為榮，你不會知道該怎麼複製這樣的經驗，也不會積極地繼續嘗試。你要分析當初如何達到更好的境界，讓偶然變成必然；意識到可以進一步磨練的技能。

刻意停下來感受愉快的心情能激發更多成長。但許多人很難一直對自己感到驕傲，他們會侷促不安並心生抗拒，小看改變所帶來的巨大影響。很多時候，人們不認為改變真的有可能發生，而去忽視自己做出改變的證據。他們不好意思讚美自己，與喜悅和成就劃清界線，堅稱他們還是跟以前一樣，而這麼做當然也就讓他們停留在原本的狀態。

如果你想繼續擁有良好的感覺、更棒的人生，建議你注意自己做對了什麼事，並設法對每一項成就感到歡欣鼓舞。這不叫高傲或虛榮；你正在學著為應得的成功感到自豪。胸口的那一股暖流以及對無限可能性的信心是走在正軌上自然而然產生的結果。如果你設法停下來，享受當下的快樂，就能讓這些小火花化為不斷燃燒的驅動力。如果太快將它熄滅，你抹去的不只是當下的愉悅，更是未來的能量。你要利用每一個機會體驗良好的感覺，學會享受自豪的心情。成功人士總是這麼做，讓動力維持在高檔。你不會變得自私自利，而是變得積極進取，對自我的積極進取。接下來，你就能將這樣的精神傳遞給其他人。

05

傾聽靈魂的聲音

當你和靈魂契合時，世界也會變得圓滿。

身為心理學家，我通常使用心理學的專有名詞「真我」（true self）而非「靈魂」（soul）來指稱一個人內心的最深處，但有些情況下，「靈魂」是唯一可以使用的詞。如果要指稱最深層的需求和動機，「靈魂」是最符合的詞。它是一個美好又帶有詩意的概念，可以獨一無二地捕捉我們的內在經驗。

靈魂代表「你中的你」，它是內心世界的統一源頭，也就是生命最深層的中心地帶。把這個個人核心稱為「自我」（self）聽起來太理智或理性了，會讓人誤以為它能夠被摸透和控制。但「靈魂」的涵義更加耐人尋味，具有神祕和古老的特質，以及自己強大的意念。「傾聽自我的話語」不如「傾聽靈魂的聲音」來得深刻。

雖然「心理學」（psychology）的字面意思是「靈魂的研究」，但在這個過程中，心理學家認為靈魂不夠科學。為了讓心理學成為一門真正的科學，靈魂必須被捨去。心理學家放棄了他們與靈魂的親密關係，讓宗教成為它的代言人。心理學轉而專注於行為、研究、測驗、防衛機制，以及與心智有關的議題。其他像是人生的意義或靈性的探索，便不在討論的範圍內。

一開始，心理學這門年輕的科學只是想闖出名堂，但它讓「靈魂」和「心理」產生了不必要的隔閡，這點令人遺憾，因為宗教和科學都有助於了解靈魂。心理學帶有一點靈性的神祕色彩並無傷大雅，而宗教亦能容忍一些科學要素。它們是人類經驗的一體兩面，不需要互相排斥。

當你談起靈魂，代表你接受自己有極其重要又神祕難解的一部分，它完全屬於內在，經常來自潛意識，帶有神聖性，而且值得尊重和敬畏。這個內在中心也很清楚什麼對你來說是對或錯。如果你和它唱反調，它甚至可以對你造成道德傷害（moral injury）。它知道你存在的目的，以及你是否正在實現人生意義。

如果你說服自己放棄夢想或退而求其次，你的靈魂會不開心，而且會讓你坐立不安和心神不寧，甚至陷入焦慮或憂鬱，這些都是你與內心分離的徵兆，你不再感到完整。這經常是勉強自己的結果，像是硬去融入或討好情緒不成熟的人。不過，當你和你的靈魂契合時，人生的意義顯而易見，世界也會變得圓滿。

為了心理健康，你必須認真看待靈魂。如果你認為光靠思維就能為最深層的存在問題找到答案，那麼你很快地就會因為動機相互矛盾，而陷入混亂之中。只有靈魂的內在智慧才能推動你追求有意義的目標和真正的自我實現。能聆聽靈魂給予提醒的人，比較容易找到意義和連結。他們信任自己的靈魂，因此可以在它的引導之下獲得令人滿足的經驗。

順帶一提，傾聽靈魂的聲音並不是自私的行為。情緒不成熟的父母常用「自私」來指責孩子，而你也可能常常如此指責自己。但你要知道：當你成為一個冷靜沉著又活力充沛的人，而且懂得追求有意義的興趣，就能同時為他人付出。不傾聽靈魂也感受不到這種自我連結的人，才會為他人帶來最大的痛苦。

對我而言，我不必知道靈魂從哪裡來。我只需要承認內心有個東西會激勵和引導我們。或許我們在爭論靈魂該屬於哪一種意識形態時，已經對它造成了傷害。或許靈魂不應該在意識形態之間被拉扯，就像父母在爭監護權的孩子。或許靈魂這個概念可以獨立於宗教或心理學，在無可否認的內在人類經驗中自成一格。或許你只需要知道這些，就能用靈魂來造福自己和世界。當你與你的靈魂合而為一，人生也會順遂。

開放的心胸、有目標的生活、成就感以及層次更高的的連結都是尊重靈魂的幾個好處。你不必透過信仰上帝來相信自己的靈魂。信仰上帝只是認真對待靈魂的其中一個方式。

2

保護我的情緒

光是尊重自己並不夠。有時你必須主動保護自己，以免受到某些人事物的影響，導致耗盡精力或情感受創。

不管是設定界線，還是不讓他人限制你的人生，「照顧自己」都是你的第一要務。

06

解開親情的束縛

DNA不是無期徒刑。

人類發明了許多不同方式來進入和離開一段關係。我們透過結婚證書和離婚協議進入和結束一段婚姻，也透過商業合約開啟合夥關係，或用支付證明結束債務關係。對於大部分的關係，我們喜歡知道從哪裡開始，又在何時結束。但有一種關係沒辦法切割得那麼明確，也就是成年子女和父母之間的關係。

法律明文規定父母對未成年子女的義務。我們也默認父母有權利與任何年紀的成年子女斷絕關係或剝奪其繼承權。不過，如果成年子女希望與父母不再往來，卻沒有文字可以依循。沒有儀式，沒有法律文件，也無法標記。

許多人會用最簡單的方式，搬得離父母遠遠地來避免問題發生。但在其他情況下，情緒不成熟的父母與子女的關係會變得相當棘手，因為這些父母堅持自己有權利與成年子女相處，不管子女願不願意。這種父母通常在情緒上很不成熟，缺乏互相尊重的同理心。

情緒不成熟的父母對成年子女的心情無法感同身受。他們不肯讓你在關係中設下界線。這樣的父母利用罪惡感來強迫你與他們親近，你若要求更多空間和尊重的對待，他們只會充耳不聞。以自我為中心的父母會表現得好像他們有權掌控自己和你的人生，當你對這一點稍有遲疑時，他們會感到不解和不滿。各種越界的行為都可能接踵而至，像是入侵你的個人生活，或是自顧自地把意見強加在你身上。這種病態權利意識的例子還有：不敲門就進入你的房間、總是對你的一切指手畫腳，以及堅持送你不想要的禮物。

你可能沒意識到這些討厭的行為，不僅不尊重人，還已然越界，甚至因為自己想要避開父母而產生罪惡感。有些成年子女已經完全被制約，相信父母是出於好意，一切都是為了他們好，有問題的一定是自己。在這些情況下，子女會感到焦慮或內疚，因為「把錯怪到父母頭上」讓他們感到難受。

如果遭到對抗，情緒不成熟的父母會漠視你的痛苦，說你沒有理由不高興。這類父母認為自己對子女充滿愛與關心，只是試著要幫忙，但這種用溫情包裝的強硬心態底下，是父母認定你仍舊屬於他們，彷彿是父母的延伸。情緒不成熟的父母試圖控制你，要是沒把他們的感受放在第一位，就會被嚴厲批判。

很多成年子女跟這些父母把話講得很白，結果對方還是我行我素，令人感到困惑又無助。設定界線應該有用才對呀？到底哪裡做錯了，才會讓情緒不成熟的父母不斷無視你的要求？答案是，現代的溝通技巧遇上不容被拒絕的人，也毫無用武之地。

有些父母會嘲笑成年子女何必設定界線，認為這麼做是在小題大作或賣弄心理學術語。你要像衛星一樣繞著他們轉，因為他們的需求重要多了。如果達不到父母的期望，子女便得面對傷害、抱怨，以及隨之而來的憤怒。

設定了界線之後，你通常會覺得自己把事情弄得更糟了。你試著誠實地溝通，結果帶來的卻是感情傷害和批評，而不是配合。父母流露出受傷和指責的神情，這完全不是你希望看到的。你覺得你為了保護自己而受到懲罰，自私地讓父母感到心痛。

面對特別頑固的父母，有時你別無選擇，只能離開這段親子關係。你可能必須設下界線，甚至到不聯絡的程度。他們可以主動來和解，但一定要遵守你要求的界線，才能讓親子關係升溫。如果情緒不成熟的父母辦不到這一點，你可能必須再度斷絕聯繫。

有時人們會因為對父母不尊敬而感到內疚，可是沒有去思索「孝順」的意義。如果你仔細讀《聖經》中的誡命，它只是要你給予長輩應有的尊重，也建議我們可以透過讓自己變得更好來尊敬他們。但它並**沒有**說你必須愛你的父親和母親，也**沒有**說你一定要與他們相處，更**沒有**說你不能用尊重的態度拒絕他們。有趣的是，對這件事最有罪惡感的人，通常都是對行為不當的父母一忍再忍的乖孩子。

ＤＮＡ不是無期徒刑。父母賦予你生命，把你帶到這個世界上，但你並非一輩子都屬於父母。我們總有一天必須長大離家。如果你的父母不願意管好自己，那你也沒必要花時間跟他們在一起。保持距離也能尊敬他們。

07

設立界線很自私嗎

聲明界線只是一個表達自我和偏好的方式。

由情緒不成熟的父母養大的孩子，如果情緒敏感而且具有同理心，會發現設定界線是一件很難的事。太在乎他人的感受，往往會導致在建立限制時產生罪惡感。你可能會擔心拒絕他人讓你看起來刻薄、自私或甚至難搞。你不希望讓任何人不開心。

或許一部分的問題在於我們使用「設定界線」和「建立限制」等強硬的字眼，聽起來好像我們沒有同理心，拒人於千里之外。但建立限制不必刁難或控制他人；它可以是一種為自己「創造空間」的積極方式。把它想成是為你自己爭取空間，而不是進犯他人。聲明界線只是一個表達偏好的方式，用來誠實告知對方什麼讓你感到自在和安全。

遺憾的是，愛支配他人的人，像是許多情緒不成熟的父母，往往在你跟他們唱反調時變得充滿怨恨和堅持己見，彷彿尊重你的自在空間就會剝奪他們的自在空間。他們可能會把你設定的界線看成是一種挑戰，害他們失去為所欲為的權利，指責你反對他們侵擾是不公平的。這種強制行為雖然事後容易察覺，但當下可能讓你措手不及，因為你討厭冒犯別人，或讓別人生你的氣。這就是為什麼把設定界線當成是保有個人空間和選擇自由的方式很重要。表達自己的偏好並不是壞心眼的表現。你不必過度發揮同理心，而忘了自己的感受。

以前訓練自我肯定的技巧強調以強硬、固執、堅持和防禦的方式對抗他人，但其實沒必要這麼做。如果別人把你逼得太緊，你只需要忠於自我，不斷重申你的偏好。情緒霸凌者沒有權利決定你該對什麼事情感到自在。

表達你的界線在一段關係的**早期**階段特別重要，因為你會看到當你不配合他人的要求時會發生什麼事。艾美・奎里科尼（Ameé Quiriconi）在她主持的 Podcast 節目《破碎媽媽》（*One Broken Mom*）裡解釋過，及早在一段關係中築起小小的界線，便能得知這個新來的人是否會尊重你的個體性，還是試圖控制你。表達偏好和要求空間是親密的情緒溝通。一個適合與你建立關係的人會樂於傾聽你有什麼界線，認為這是更加了解你的方式。事實上，對方會欣賞你的誠實。說出你的界線會讓你顯得有點脆弱，但也因此有助於人際關係的提升

——你在告訴這個人你夠喜歡他，所以願意坦誠以對。想要了解你的人會欣賞這一點。

安全的人不會故意越界；他們想要知道你的感受。當你要求空間時，體貼的人可能會展現出好奇心或同情心，而不會施壓、爭辯或討價還價。對一個體貼的人而言，每個人都有權利說不。但對自我中心的人而言，沒有人有權利拒絕他們。

要求自己的空間或拒絕別人的提議並不是侵犯行為。如果合理的界線讓某人覺得被冒犯，這種誇張的反應是情緒不成熟的警訊。別把他們受傷的感覺放大了。你只是在傳達怎麼樣能讓你最自在。正直的人不會因此讓你不好受。

08

為什麼會情緒疲勞

情緒疲勞在生理上真實存在。

你有沒有經歷過讓你筋疲力盡的情感遭遇？那麼你知道這種特別的疲勞來自於「情緒工作」。你可能在經歷某些情緒經驗後，覺得比跑馬拉松還累。付出身體勞力固然累人，但付出情緒上的勞力感覺就像被榨乾生命力一樣。這種疲勞超出了肌肉可以感受到的範圍。它告訴你，你的大腦正在高速運轉，大量消耗葡萄糖，並將血液輸往大腦最耗能量的部位。你的神經系統就像去了一趟健身房。

情緒敏感的人，像是擁有情緒不成熟父母的內化者，特別容易為了滿足他人的需求而疲憊不已。如果你是這種狀況，你會回應他人對同情和關注的索求，因為你太有同理心。你的敏銳洞察力讓你極為敏感，會注意到他人最微小的異狀。一旦你注意到哪裡稍微不對勁，大腦的鏡像神經元便開始火力全開，讓你的同理心氾濫地一發不可收拾，直到你遠離此人。你不由自主地鏡映（mirroring）對方的不安，神經被操得過勞，絞盡腦汁思考怎麼讓對方好過一些。

在心理學過去的時代，情緒症狀與神經系統更直接地被連結在一起。雖然現在我們改為「情緒障礙」（emotional disorder）和「精神病理學」（psychopathology），但我喜歡舊的用法，因為它們連結了情緒症狀和身體本身。例如「神經衰弱」（nervous exhaustion、neurasthenia）、「精神官能症」（neurosis）和「精神崩潰」（nervous breakdown）。在某種程度上，這些舊的專有名詞更為恰當，因為它們顯示出情緒低落和實際身體神經系統之間的連結，人們感到難受是因為神經系統過勞了。不過，使用神經系統怎麼會讓你這麼累？

神經系統最有趣的地方之一，就是它負責的不只是「做」，還有「不做」。神經系統會執行兩種程序：觸發行動和抑制行動。每當你克制自己做出某個行動的衝動時，耗費的精力就像是說了或做了這件事一樣，甚至更多。「咬住我的舌頭」（biting my tongue，意指忍住別說不該說的話，保持沉默）這句俗語就是一個很好的隱喻，說明了神經系統的一部分會壓制另一部分的行動，而這麼做會耗費精力。

行事衝動的人看似消耗大量精力，但停下來思考並解決問題（而非不假思索）的人其實消耗得更多。這代表具有同理心、會自我反思和總是想著要助人的人不斷地在體內壓榨他們的神經能量。如果你有這樣的傾向，你的能量消耗並不明顯，因為你沒有表現出任何外在的身體動作，但體內正在與情感搏鬥、控制反應、思考未來結果，並試圖找出最佳解決方案。這比不假思索和衝動行事還要耗費能量。

好的教養和好的人際關係需要複雜的神經抑制，這比盲目反應需要更多的努力。舉例而言，對叛逆的青少年做出懲罰性的反應，比起傾聽、安撫並讓他配合你而非唱反調，前者在短期耗費較少神經能量。後者克制的作法讓你長期下來得到較好的結果，但你也付出了代價，觸發大腦多個非常耗能的部位。和平維護者的內在辛勤運作，使用著麻煩製造者所不知道的大腦系統。

不管是在兒童教養或全球政治方面，還好有這些會用腦使他人冷靜並找出建設性方案的人。對神經和神經元而言，這種高度成熟的行為是相當費勁的體力活，讓大腦加倍工作以找出抑制和行動的最佳組合。

所以，現在你知道情緒疲勞這種感覺，在生理上是真實存在的，來自於你身體的神經系統。如果你認知到這是真正的疲倦，你可能會在付出巨大的情緒努力之後，更願意正視自己對休息時間的需求。

運用了腦力之後，整個神經系統並不需要中斷；它只需要轉移焦點。神經系統一直都很活躍，即使是在睡眠狀態中，我們還是會呼吸和作夢。但費盡力氣之後，它會想要轉移到其他狀態，讓大腦放鬆。如果你是一個照顧者，或必須應付情緒不成熟的父母這種難搞又有控制慾的人，那麼離開並從事其他充電的活動和消遣對你來說非常重要。疲憊的大腦想要趕快進入一個不必小心翼翼、為他人著想或抑制想法和衝動的狀態。這就是為什麼看電視節目哈哈大笑或和好朋友在一起這麼令人放鬆。你的大腦可以放下重擔，不必再努力踩剎車。自由、無拘無束的心智功能運作令人放鬆，帶來活力。

如果你常說：「我根本什麼事也沒做，為什麼我這麼累？」請你停下來想一想。是的，你做了某些事，那些你沒說出口的話、壓抑下來的破壞性衝動。從大腦的角度來看，這是一整天的工作。我們其他人可能從你的努力當中獲益匪淺，卻從未意識到這一點。謝謝你做出我們看不見的貢獻。

09

當情緒受了傷

情緒傷害會讓你重新認識你的心。

在治癒情緒傷害之前，必須先**接受**它。我們太常否定情緒傷害和受傷的感覺，把它們當成不必要的干擾：一無是處、無關緊要、礙手礙腳。這很容易理解，你可能想要盡快擺脫它們，繼續過你的生活。但你有沒有想過，這些受傷的感覺對你的成熟來說其實具有決定性的影響，是每個人獨特發展的重要基石？

你受到的傷害會決定你的個性。托爾斯泰（Leo Tolstoy）說幸福家庭都很相似，但不幸家庭的苦難大不相同。這對我們每一個人來說也是同樣道理。情緒傷害影響你的方式是獨一無二的。

情緒傷害也會軟化我們內心剛硬、想要與眾不同和掌握全局的部分。這個自我中心的部分總是害怕任何人事物不配合它短視近利的享樂和控制慾，它認為權力、佔有和保護就是人生的一切，責怪和批評每個人事物，與所有人保持距離來守著應得的權利。有時只有情緒傷害能突破它的防線。

情緒傷害，像是受傷的感覺、背叛和失去，顯示出對你來說什麼才是真正重要的事。如果你願意，情緒傷害會讓你重新認識你的心。情感上的痛苦讓你直視自己更深層的本質，並與他人建立更真誠的關係。如果你敞開心胸，你受到的情緒傷害會讓你獲得更有意義、更深刻的人生經驗，這是控制慾強的自我所無法想像的。

任何治癒的過程，無論是身體上還是情感上，都由大自然主宰。大自然對待傷害很認真，不管你是動物、人類、植物還是樹木都一樣，它會運用能量和資源，確保每一個虛弱的地方都能再度變得強壯。舉例而言，一棵樹會在受傷部位的周圍增生樹皮，將寶貴的生長能量用於強化修補。以人類來說，我們的心智會運作來修復情緒傷害，體驗感受並包容當下的脆弱。我們也會向他人傾吐心事，用言語來療癒情感。我們的強迫性思考以及與人談話的需求就像受傷之後的腫脹和發炎症狀；看起來好像讓事情變得更糟，但身體和心靈需要徹底治癒，而不是快速緩解。大自然需要時間重建我們的樹皮。

遺憾的是，控制慾過強的自我會認為花時間處理情緒傷害簡直有病。很多時候，受到情緒傷害的人會被鼓勵要將它拋開，繼續過生活，我們似乎深怕卡在情感傷痛裡走不出來。我們用同樣方式面對失去與哀傷，有一股壓力催促我們盡快回復正常生活。畢竟，誰想經歷哀傷？但更深一層的問題是，誰希望自己沒有哀傷的能力？

成功治癒情緒的關鍵是「接受自己可能會變得跟以前不一樣」。你越抗拒這個事實，治癒要花的時間就越多。你最好也要認知到，治癒情緒通常會留下一些傷疤。療癒不是神奇的橡皮擦，目標不應該是恢復成彷彿傷害從來不曾發生過的樣子。

我們可能不需要為斷掉的骨頭或割傷的手指尋找意義，但破碎的心靈和粉碎的期望會要求我們理解自身感受到的痛苦，並從這個經驗中找到意義。當你被傷得很深時，這是個很高的要求，但它是我們人類獨特的療癒方式。我總是把情緒傷害想成是一開始不受歡迎的客人，隨著時間過去，它會教導我們更加認識自己。我們的挑戰是想辦法與它們建立良好的關係，即使它們帶來痛苦。

治癒情緒可能要花很長的時間，就算好了，也不會像是從沒發生過。你會被改變。但變好還是變壞，全由你決定。真正成熟的作法是願意感受傷痛，將它融入你的生活，而不是怨天尤人。你面對的挑戰是在療癒的過程中找到意義。你要有意識、刻意地把這件事當成生活的焦點，給予必要的時間和思考，慢慢地以智慧與慈悲修補受傷的部位。和樹木一樣，只要你認真看待療癒這件事，就可以在經歷情緒傷害後得到更多收穫。

10

清除內在的木馬程式

任何讓你感到難受或絕望的想法，都是某種形式的惡意軟體。

我們經常將大腦這個神奇的器官比喻為電腦。和電腦一樣，你的大腦很容易受到入侵程式的負面影響，導致作業系統出問題。在電腦的世界裡，這些具破壞性的程式被通稱為「惡意軟體」，但可能各有不同的名字，如「病毒」、「程式錯誤」、「特洛伊木馬」或「蠕蟲」等，其中有一些是偷渡式下載，可能導致你的電腦變成殭屍電腦。這些惡意程式不管目標是要完全接管你的電腦，還是弄亂一些檔案，都是由程式設計師透過未經授權的遠端存取安裝的。

如果你是電腦新手，可能不會注意到程式錯誤的存在，直到電腦開始故障。不過，只要你求助專家，他們就會偵測病毒，為你的系統除錯。至於心靈上的病毒，你可以使用同樣方法，只是需要知道該怎麼做。

心靈的惡意軟體可以在任何年紀進入我們的大腦，只要「程式設計師」有足夠的魅力或權力。但大部分具有影響力的惡意軟體，是從童年就開始存在。我們從小被社會化，相信只要做某些事，就能讓我們周遭的成人，特別是情緒不成熟的父母，生活過得更輕鬆。由於這些社會化病毒經常只是為了圖方便，沒有什麼真正的邏輯，因此可能變成令人困惑、相互矛盾的訊息大雜燴。當這些相互矛盾的規則同時發揮作用時，我們就會被兩個同樣強硬的想法拉扯而動彈不得。

為心靈電腦除錯的第一步，就是了解到這個程式錯誤可能在你的年紀還沒大到能夠辨別差異的時候就被安裝了。無庸置疑，你被告知這是「為了你好」。不過，依照經驗法則，任何讓你感到難受或絕望的想法都是某種形式的惡意軟體。合理的罪惡感和悔意往往能夠促使我們快速糾正自己的行動。當我們真的做錯事時，我們會感受到強烈、健康的衝動去彌補過失，而心靈的惡意軟體只會讓你覺得自己是個失敗的人。

童年早期的惡意軟體喜歡告訴我們某些想法和感受是**不好**的，它讓我們對真實的反應感到羞恥，也對自己的動機感到困惑。當然了，惡意軟體絕對不會透露它的控制策略。你被童年時期安裝的隱形程式操控，它會偽裝成是你的良心，害你浪費大量時間和精神能量，試圖讓自己以正確的方式思考，並在失敗時感到難過。最終，你成為病毒的完美宿主，認為自己永遠都不夠好。

有一個好方法能揪出這些病毒，那就是寫下任何讓你覺得自己很糟的想法。一天記錄下來，你就會很清楚這隻電腦蠕蟲在你的思想中擴散的範圍有多大。別忘了，大腦惡意軟體的特點是給你相互矛盾的訊息、完全互斥的價值觀，以及充滿例外的絕對命令。用心靈惡意軟體去思考是無法成功的。

在你發現了病毒的影響之後，下一步是找出它的原始碼。那會是用一句話表達的嚴苛規則，導致你產生罪惡感或低自尊，可能是「人必須永遠愛自己的家人」，或「父母永遠是對的」，又或者是「自利是不好的，但成功是好的。」（這個組合最好行得通。）你會發現這些一概而論的說法站不住腳，甚至根本說不通。

接下來，你的工作是讓病毒碼曝光、去除程式並送走特洛伊木馬。你要細細思索每一個讓你感覺很糟的想法，直到你發現不合理之處，以及它可能來自於什麼地方。像律師在交叉詢問一樣質問它、對抗它、反駁它，便能逐漸鬆開它的掌控。一旦你意識到自己在不知不覺之間被程式化，可以冷靜地觀察它的有害影響，並在每一次它開始讓你感覺很糟的時候，在內心對它說「不」。

為了改寫程式，你必須選擇在成人世界中合理的成人信念去化解。列出一張清單，一邊寫下舊的信念、一邊寫下新的信念來比對，這麼做會有所幫助。你會發現你無法兩邊同時遵循，因為它們不可能都是真實的。接著，當你準備好放棄過去被病毒感染的信念時，就直接將它刪去。你那情緒不成熟的父母並不知道他們傳播的病毒會造成你這麼多的麻煩，讓它在你的大腦中徘徊是最糟糕的自我破壞。特洛伊木馬可能看起來像是神的禮物，但它帶來的不祥預感會告訴你，是時候關起城門了。

3

尊重內在世界

自我照護要從「自知」做起。你的內心世界會不斷嘗試引導你建立一個更快樂滿足的人生，只要你願意傾聽它的聲音。但你可能在童年時期學會忽視內在訊息，而去做他人認為你該做的事。這會讓你在之後付出巨大代價，過著你不想要的人生。

你要試著重新從內在探索自我，傾聽那些告訴你什麼事情該追尋，什麼事情又該避免的線索。

11

選擇對的內在聲音

睿智的內在聲音微小而堅定，社會、自我以及情緒不成熟父母的聲音則總是逼迫你接受某些理念。

沒有人喜歡承認自己會聽見一些聲音。提到腦中會出現聲音的人，都會很快地補充說明，「不是那種聲音」。不過，當然大部分的人都會一直在腦海中聽見「聲音」。事實上，內在的對話讓我們保持理智。大部分正常人的思考都會很自然地形成內在的言語，以對自己說話的方式進行。

令我相當感興趣的是，我們如何決定要聽哪些內心的聲音。我們怎麼知道哪個聲音會給予好的引導，哪個聲音又會害我們惹上麻煩？很多人跟我說，他們早在採取某個行動之前，就已經默默地對情況有所認知。他們記得有一股微小的聲音述說了真相，即使他們還沒有準備好接受它所說的話。你也有過這樣的經驗嗎？即使許多年過去，你一直都知道某個想法很糟糕，但不管你有什麼感受或認知，你還是聽從了那個要你「必須」這麼做的聲音。

睿智的內在聲音微小而堅定，社會、自我以及情緒不成熟父母的聲音則總是逼迫你接受某些理念。之後你或許會感到懊悔，那股微小的聲音如此安靜。你或許會問：「它為什麼不大聲叫我停下來？」「它為什麼沒讓我離開？」我們的內在聲音為什麼這麼安靜，又為什麼在生活中佔有的空間這麼小？

這股聲音原本一點也不小。你隨便問一個兩歲孩子的父母看看。我們大部分的人一開始就明確知道自己喜歡什麼、不喜歡什麼、想去哪裡，以及想和誰在一起。那時我們分得出來誰在傷害我們，並試著避開感覺不好的人事物。

我們原本的內在指引很大聲，像號角一樣響亮，警告我們遠離危險。但我們被教導不去相信這樣的內在指引，因為它與我們依賴的人（特別是父母）的期望相抵觸。每一次我們不去相信它，它就變得越來越小、越來越模糊，但從來沒有消失過。

隨著真正的內在聲音不斷縮小，一股尖銳又咄咄逼人的聲音便取而代之。原本由情緒不成熟的父母和權威人物所助長的罪惡感和羞恥感被它放大，讓我們變得順從。這股自我聲音堅持己見，使用「應該」、「必須」和「一定要」等字眼，強迫人就範。即使我們把生活的控制權拱手讓人，它還是會讓我們充滿怨恨。

這股自我聲音帶有一種不切實際的緊迫感，經常把我們推入困境，而另一個小小的聲音則不斷低語：「這對你不好。」

刺耳又不容反對的自我聲音會強迫你、累壞你，不肯放棄操控你接下來應該做的事。聽從它會讓你壓力很大。（「有好多事要做！我應該再努力一點！要當好人就是要這樣！」）你很少注意到，但這個聲音永遠都不滿足，每一次你試圖取悅它，它只會要求更多。雖然它讓你相信遵循它會讓你成為更好的人，但通常你只會感到更糟。

另一個聲音，表達偏好和自我保護的內在聲音，不會強人所難，而是會給你選擇。它只會在最極端的危急情況下變得堅持。除此之外，一旦你感到不舒服或不安全，它就會樂於點醒你，彷彿它希望你能有所選擇，完全願意讓你犯錯，並從中汲取教訓。它絕對不會說「我早就告訴過你了」，因為它不想讓你感到難受。當你終於把話聽進去時，它會很欣慰。

你應該很容易看得出來哪個聲音最關心你真正的利益。吵鬧又固執的自我聲音要你**服從**；輕微又細小的聲音要你**思考**。內在聲音會說：「慢慢來，我希望你能想清楚。」相反地，自我聲音則會說：「快一點！誰在乎你有什麼感受？照我說的就對了！」

這些聲音提供了截然不同的指引。你在現實生活中會聽進哪種人的建議，代表著你也會聽信相同類型的腦內聲音。

12

情緒的用處

情緒，讓我們知道事情對我們不利。

你無法選擇自己會不會產生情緒。長久以來，心理治療中普遍存在一種觀念，那就是在感受之前一定會有一個想法。找出那個想法並修正感受；換個思路就會感覺好一點。但這很明顯地是不正確的，我很驚訝這種觀念會盛行。

你的情緒經常由想法所引起，但並非總是如此。經過了數千年的本能進化，你當然可以不假思索地產生情緒。你不需要想法、文字或概念就能經歷本能的情緒反應。

一個人大吼大叫、露出厭惡的表情，或是開心的容光煥發，都能刺激你大腦的鏡像神經元，讓你感受到他的情緒狀態。這和你是不是存有負面想法還是讓它們影響你都沒有關係。對方的行為直接進入你大腦中的情緒中心，無論刻意與否。回到人類最初的起源，我們對他人表情的情緒反應是最古老的互動形式，比語言還早出現。所有文化裡的所有人都會使用最基本的臉部表情來表達情緒，這是立即可以判讀的共通訊息，顯示出他人的情緒狀態以及對我們的意圖。身為人類，你會辨認細微的情緒意義，無論刻意與否。隨著人類進化，對人類來說，最大的威脅就是其他人類。快速判斷陌生人意圖的能力攸關生死。與其他群體貿易也成為可能，因為人們可以透過直覺判斷一個陌生人是否值得信任。

但在現代，心靈已經失靈了，它現在設定目標時，不再考慮情緒。讓你接受某個想法的人，就能擁有你的靈魂，尤其是當這個想法和你更深層的感受背道而馳時。幾個世紀以來，這一直是洗腦者的目標，而情緒不成熟的父母也會這麼做。一旦你被訓練成相信「想法」而非「感受」，你就會認為生活中糟糕的情況和剝削他人的人們是必要的，甚至對你有好處。

把情緒想成是危險的警鈴。當條件不利於你時，你的感受會讓你知道，它們顯示危險的速度比有意識的思考**快**得多。情緒在你的人生中有一個目的：讓你注意自身情況的重要資訊。如果你不去傾聽，它們會提高音量。心理治療有一大部分就是在學習如何重視這些訊息。

但你不需要每次都靠心理治療才能讓自己好過一點。在自我反思時探索自己的感受，或是透過書寫，都有助於你解讀這些訊息，而向信任的朋友傾訴能以療癒的方式帶出你的情緒真相（emotional truth）。

你的情緒並不愚蠢或無意義，也不會故意沒來由地讓你心煩意亂。它們是你的哨兵，只為你的幸福圓滿存在。一旦你願意聽從它們的指引，它們就會解救你。

13

為什麼會恐懼

有時問題的重點在於擺脫它，而不是解決它。

恐懼是我們真正的情緒指南針，它的指引幾乎比任何其他感受都還要可靠。我們都知道「恐懼」是什麼，那是一種一步都踏不出去、很不妙的糟糕感覺。你可以想像一隻被帶去看獸醫的狗——那就是恐懼。

恐懼能讓你知道你正朝著錯誤的方向前進。當它來臨時，怎麼甩都甩不掉。就算你盡力去合理化，還是會對有害於靈魂的事情感到害怕。麻煩的是權威人物（特別是情緒不成熟的父母）經常教你要低估和懷疑自己健康、正當的恐懼反應。如果你恐懼上學，他們會說上學對你有好處；如果你恐懼一項任務，他們會說這項任務將讓你成為更好的人。現在，身為成年人，如果你恐懼做某件事，你可能會告訴自己「你太弱了」。這反映出父母的情緒壓迫，使你沒有機會找出一開始是什麼原因導致了你的恐懼。情緒不成熟的父母會斬釘截鐵地說，在得到他人認可之前，你的直覺反應是不合理的。

當我回想自己感到害怕的經驗時，我必須說在某種程度上，百分之百能料中當下的情況對我很不妙。幾乎屢試不爽，某個部分的我總是可以預先得知這件事會讓我付出代價。

如果由我來協助你處理個人成長問題，那麼**相信**自己的恐懼將是向前邁出的重要一步。由於早期制約作用，用直覺來避開某些人事物可能讓你感到困惑。用逃避來解決問題似乎不是一個普遍被認同的方式，對吧？成長過程中，你被鼓勵要往前衝，直球對決才能改變它。如果你很想逃避某個你恐懼的人事物，你可能會產生罪惡感，甚至覺得自己懦弱。你應該要面對問題並克服它，對吧？

這要看你的目標是什麼。事實上，不是所有問題都能被解決。有時問題的重點在於擺脫它，而不是解決它。我給你一個例子。我的其中一名當事人有個霸道的母親，她經常訓斥女兒所做的人生選擇。不管怎麼解釋、設下界線和對抗，都阻止不了這位母親強行灌輸有毒的意見。不用說，我的當事人很**害怕**接到媽媽打來的電話。有一天，她理解到她根本不必和母親說話，而且就算說上話，也可以避開或迴避任何會讓媽媽變臉的話題。這不是懦弱的表現，而是明智的作法。

在某些情況中，逃避是合理的，而恐懼會告訴我們何時需要逃避、何時正在白費力氣，以及你即將要做的事是否會帶來巨大代價，卻得不到什麼回報。

最讓我感興趣的狀況之一，就是當你之前追求的目標或活動開始變得令人恐懼時。你的心思已不在此，繼續做下去的念頭讓你感到筋疲力盡。無論過去有什麼獎勵都失去了吸引力，你的直覺就是退出。這是因為你不停用老方法做事的動力已經消失。你無法再讓自己「振作起來」扮演這個角色。有時，當你變得跟真正自我的需求太疏離時，恐懼是唯一還能引起你注意力的東西。

如果你能關注每一個害怕的經驗，並留意它們的警告，它們就不會累積成憂鬱的情緒。當恐懼浮現時，這代表你還知道自己「不想」做什麼。這就是成功又快樂的人維持狀態的方式。他們運用直覺避開讓自己耗盡能量的事，如此一來，就有動力把焦點放在真正重要的事。恐懼不會讓你虧待自己。傾聽它對你說的話，你就會往幸福與成長邁進。

14

人是怎麼陷入憂鬱的

試著拒絕多餘的忠告，頑固一點沒關係。

只要照著三個簡單的步驟去做，任何人都可以讓你心情變得低落：

一、傾聽你的想法或渴望，再提供有用的批評。

二、強迫你接受他們提出的更好的點子。

三、當你抗議或不爽時，要你冷靜下來，並以緩慢理性的聲音解釋為什麼他們的作法合理多了。

如果他們能說服你，讓你相信他們的點子更好，能省下金錢、時間和不便，那麼以上的方法特別有用。如果你每次想出好點子，他們都這麼做，你就會開始變得猶豫不決，然後莫名其妙地喪失主動權。隨著時間過去，你會開始出現典型的憂鬱症徵兆：精神不振、絕望、自尊心低落、自我懷疑、覺得自己沒用、悲傷和失眠。此時，你要去看心理健康專業人士，讓他們診斷你有憂鬱症，就這麼簡單！

家庭主婦或全職父母特別容易罹患這種憂鬱症。舉例而言，我們很容易能夠理解，一名上班族在失去工作、頭銜或例行公事後會變得憂鬱。我們可以想像，這個可憐蟲在追求個人聲望和滿足感的過程中受挫時，為什麼會心情低落。我們懂這個簡單的道理。

不過，待在家的人會得到憂鬱症，往往是挫折感緩慢累積的結果，我們不會看見它發生。導致情緒崩潰的事件經常如雞毛蒜皮般輕微又稀鬆平常，我們完全不當一回事。真的能夠引起我們注意力的事件，像是喪親、婚姻問題、難搞的孩子，很有可能只是一連串個人挫折的最後一根稻草。人們可以忍受很多事，但總有到達極限的時候。

我認識一名憂鬱的女性，有一天她決定不再讓丈夫「無傷大雅地」改變她的計畫和選擇，之後她的症狀便開始好轉。多年來，每次她想要試試什麼點子，丈夫都會告訴她這種方法沒有效率，並提供更明智的選擇。她被有系統地剝奪了做選擇的自主權。

如果你有控制慾強而且情緒不成熟的父母，可能會習慣別人削弱你的主動權。這很難察覺，但十分令人洩氣。一句多餘的建議就可以讓你突然喪失興趣和活力。用別人的方法來實現自己的點子，才不會帶來滿足感或成就感。

這個概念要是應用在職場，很多人就會馬上理解。我們知道自己的點子被惡搞或被迫以不同方式實現是什麼感覺。我們懂那種剝奪感，以及眼睜睜看著一個很棒的點子變得平庸無奇的惱怒感。對許多家庭主婦或全職父母來說，這是完全同樣的狀況，別人不斷把想法移植到他們身上，或是他們不得不在最後一刻改變或放棄自己的計畫。不知為何，自主性被壓抑的狀況在家庭裡是如此普遍，要是同樣的事發生在職場上，絕對令人抓狂。

你對未來的想法和期望是增強精神力量的關鍵。它們讓你產生做事的能量，給你信心掌握自己的人生。別忘了，你的活力來自於想出點子，不管是簡單還是複雜，然後全程參與並實現。用接管或擅自給予建議的方法來提供幫助的人，即使是父母或配偶，都不明白興奮的心情在於行動的自主權，而不僅僅是把事情完成。你要鼓起勇氣捍衛自己的選擇，順從直覺去制定計畫。

試著拒絕多餘的忠告，頑固一點沒關係；為了預防憂鬱症，這是很小的代價。

4

照顧自己的情緒

你的情緒健康，首先取決於你如何對待自己。你的想法和你對自己說的話是心理幸福感的基礎。要對生活感到滿意，首要之務是你有沒有好好照顧自己。

15

自我照護跟自我放縱不同

最好的自我照護通常就是什麼事都別做。

我們許多人都不太會照顧自己。餵狗、給汽車加油、照顧家人對我們來說都很合理，但花時間保養自己的概念，卻可能顯得自私或自我放縱。諷刺的是，如果你**不去**照顧自己，那更有可能做出自我放縱的行為。如果你老是拖延情緒和身體的自我照護，就會開始想要自我放縱，不管那對健康好不好。如果你繼續把自己擺在最後一位，只要一有機會，再多的意志力也抵擋不住你想要盡情揮霍的衝動。

你對待疲勞的方式，可能就像累壞的父母在超市無視他們尖叫的幼兒，面無表情地推著推車，無視孩子的哭鬧，只想趕快採買完畢。沒有眼神接觸，沒有互動，默默承受著孩子崩潰的情緒，但還有辦法把食品雜貨放入推車。

過一陣子之後，那個孩子可能會放棄嘗試被聽見，轉而指著某個他想要的東西，開始哀求爸媽買給他。筋疲力盡的家長拿起那件物品並放進籃子裡，只求換來片刻的寧靜。在那之後，父母和孩子似乎都好多了。父母回應了孩子，孩子暫時得到滿足，但放縱已經取代了真正需要的東西：一種專注的互動，讓孩子感到安慰。孩子對父母的情感需求透過第三方的調解（例如：水果圈圈早餐麥片）被間接滿足。有形的物品取代了無法言喻的愛的連結。

你可能就像超市裡不勝其擾的母親一樣，對待疲憊的自己。你忽視內在小孩發出的痛苦訊號，只顧著把工作完成。無論是疲勞還是腦霧都阻止不了你繼續前進。你必須在喘一口氣之前把工作完成，在那之前，休息是想都不用想的事。你會休息是因為事情做完了，而不是因為筋疲力盡。你相信如果順從了想要停下來的需求，就會耗費**更多**時間力氣，所以你用之後會得到的甜頭來騙自己繼續做下去。很多時候，你沒有意識到你可能對自己的需求做出了小時候受過的敷衍回應。如果你小時候的情感需求被忽略，長大後的疲勞就不會受重視，直到你完成工作。在事情沒有全部做完之前，你不會傾聽或安慰自己。你逼迫自己，對自己沒耐心，強迫自己繼續前進直到內心想要放聲尖叫。

到了你終於讓自己停下來的時候，你那個崩潰的內在小孩已經在情緒上變得貪婪。此刻，你會不顧一切地放縱自己，導致做出沒有節制的行為，例如：瘋狂消費、衝動購物、每晚喝兩三杯酒，好像在跟自己說：「我不能放你一天假，或甚至給你一個小時做你想做的事，也不能讓你休息或做白日夢，但下一次有機會我會好好補償你。」在忽視了自己這麼久之後，你覺得補償自己也是應該的。但為什麼不一開始就別忽視自己呢？

人類需要空閒時間。你在白天經常需要它，而不僅僅是下班之後。俗話說得好，「改變就是最好的休息。」（A change is as good as a rest.）有一種自我照護的有效方式是休息一下，去做做別的事。許多矽谷的公司之所以會提供彈力球、健身房、乒乓球和帶狗上班的機會，這絕非偶然。在工作和玩樂之間來回轉換的人們，能擁有最多活力。

最好的自我照護，通常就是什麼事都別做。無所事事令人愜意，你可以慢下腳步享受悠閒時間，重新與你的感官和身體本能建立聯繫，生活的節奏變得更輕鬆。當你退出超速檔並讓引擎空轉時，會感到精力充沛。從目標轉換到白日夢有助於增進創造力和大腦健康。當你放下雷射般的專注力時，腦袋會進入更自然的模式，以放鬆的方式回顧和整合你的經驗。陰與陽、休息與工作、自我連結與任務完成，兩者缺一不可。否則，你可能會透過不平衡來尋求平衡：筋疲力竭，然後盡情放縱。

對自己好一點。這不僅僅是安排另一門瑜珈課，而是真誠地問自己，當下有什麼感受，並重新與內在狀態產生連結。如果你感到煩躁，那就休息一下；如果你感到寂寞，也許可以打個電話找人傾訴；如果你感到空虛，也許你需要時間與你的情感或精神自我相處。善待你的感受會讓你充實。別把自己逼到只能期待那一盒水果圈圈早餐麥片。當你覺得放縱看起來很誘人時，你可能已經做得太多。是時候好好照顧自己了。

16

情緒安全的重要性

經常想要確認自己在親人心目中的地位，並不是沒有安全感的表現。

你應該知道人在面對恐懼時，會出現戰鬥、逃跑或凍結的反應，但不一定知道我們的神經系統還有一個分支，也就是腹側迷走神經（Ventral vagus nerve），在我們受到驚嚇後，它能夠撫慰我們，讓我們恢復安全感。神經科學家史蒂芬・波吉斯（Stephen Porges）解釋了在神經系統中，這個有鎮定作用的部位如何對社交參與給予的安慰做出反應，促使我們透過近距離、觸摸、輕柔的聲音或溫暖的臉部表情在他人身上尋求安全感。他人這些友好的行為，不只告訴我們在身體上是安全的，也告訴我們，在他們身邊，情感上是安全的。

情緒安全不僅僅是一種感覺良好的情緒，就像聖代上的鮮奶油，它來自於這種社交參與神經的活化，讓你與他人產生連結並得到安全感。情緒安全讓你放鬆、心胸開闊、並願意表達自我，提高幽默感而不會引起緊張或戒心。在這個狀態下，擔憂減少了，你感到活在當下、踏實和投入。在友善的人身邊，或沉浸在引人入勝的活動中，你在情緒上會最有安全感。當你在大自然中散步、和狗玩耍或度假放鬆個幾天時，可能也會感到情緒安全。社交參與神經打開了之後，你會感覺到一股幸福感，伴隨著放鬆和內心的滿足。

在童年時期缺乏情緒安全，可能會影響我們成年後的人際關係。如果你身邊的人以任何方式讓你感受到威脅，那就很難保持情緒安全。情緒不成熟的父母會在你成長的過程中造成情緒不安全，即使他們沒有身體上的攻擊，你仍會因為他們的指責、批評或諷刺暗示著可能發生的衝突而陷入壓力。想想看，如果身為成年人的你陷入一個不友善的處境，周遭的人愛挑剔、易怒，或是臉上表現出不歡迎你的樣子，你會有什麼感受？你的神經系統將這樣的行為解讀為不安全的情況，讓你隨時保持「戰鬥、逃跑或凍結」的警戒狀態。不管是孩子還是成年人，這都可能導致壓力引起的症狀，危害你的健康。

對孩子來說，面無表情並不代表中性的情緒，而是潛在的危險訊號。孩子的神經系統會將情感上不投入的態度，解讀為父母在拒絕他們，前景堪憂。這樣的孩子不會在信任和平靜的狀態下自在地與人接觸，而是學會保持警惕，隨時準備好快速逃跑。成年之後，任何不被他人明確接受的事情，都可能威脅到他們的情緒安全感。

這就是為什麼在你最親密的關係中，友善的肯定和專注的關心如此重要。經常想要確認自己在親人心目中的地位，並不是沒有安全感的表現；讓自己進入神經連結的安全狀態是一種生理衝動。我相信你已經注意到，在一起最快樂的人會回應彼此的感受和要求。社交參與的訊號不一定要多浮誇。微彎的溫暖雙眼、輕輕的觸碰或是幾乎看不出來的點頭致意，就足以讓你感到安全和受到重視。

同樣地，你可能沒發現，當你善待他人並給予真心的笑容時，對他們神經系統的健康做出了多大的貢獻。每次當你溫暖地與人互動時，不管多短暫，都能實質上讓對方的神經系統轉為安全狀態。

你可以透過與和藹可親、會回應情緒的人相處，來強化迷走神經的社交參與分支。溫暖的互動，不管多短暫，都有助於調節神經和產生幸福感。這種令人安心的接觸能幫助你更好地思考，變得更樂觀，主動創造更多情感連結，並享受社交活動。

你怎麼知道誰對你來說是安全的？你和他們相處之後，看看自己有什麼感受就知道。你覺得更快樂、更開朗、更充滿希望？還是更疲憊、不滿、有壓力？你和他們見面**之前**有什麼感受？你期待和他們在一起，滿心愉悅，還是懼怕擔心，但願自己把時間花在其他地方？你的感覺反映出這個人是否能帶來情緒安全。你的腹側迷走神經會告訴你，誰會耗盡你的能量或影響你的情緒。

如果你想方設法讓能夠真心投入的人填滿你的生活，你不僅在情緒上能得到安全感，壓力也會降低。把時間花在創造能撫慰你的連結，而非處理恐懼或壓力。一旦你意識到情緒沒有被回應會造成多大的壓力，就會有動力去尋找更有養分的人際關係。信任情緒安全感，可以為你指引對的方向。

17

心理健康儀

我們顯然需要某個東西，讓我們無法繼續忽視自己。

我希望我是個發明家。如果我有一點點這方面的天分，此時此刻應該會在我的車庫裡，拿著鉗子和電焊，做出有史以來對心理健康最重要的貢獻。我會把這項發明低價賣給人們，在網路上大量販售，然後走向國際化。

想像一下，一個小小扁扁的塑膠盒（每一季都會出新的流行色），薄到可以放在衣服底下，輕到忘記它的存在，背面有皮膚感測器，可以像藥膏貼布那樣貼在身上。非常時髦，但正面有一個復古的刻度盤，就是那種半月形的顯示器，指針可以左右擺動一百八十度。

現在，這個裝置可以測試你在某個時刻的情緒焦點（這部分我就需要有電機工程學位了）。刻度盤左邊的綠色區域顯示你何時專注於自己的感受和需求。右邊的紅色區域則顯示你何時強迫自己去解決你無法控制的情況，例如：他人的情緒狀態或人生選擇。

你可以想像得到，父母花很多時間在紅色區域，擔心孩子接下來要做什麼。身邊有親人生病的人，可能每天都在紅色區域。相反地，一個專注於自己喜歡做的事情的人，會在綠色區域逗留。你達到健康的平衡後，會根據需求在兩邊來回交替，但在不健康的情形下，你會花過多的時間關心別人想要什麼。

我會把這項發明命名為「健康儀」，這個神奇的裝置將讓心理健康產生革命性的變化，因為突然之間，人們可以看見自己花了多少時間處於自我剝奪的緊張狀態。就跟量血壓一樣，人們可以看見他們把自己困在紅色區域，比如說，兩天，或甚至多年來都是如此。這警告他們要想辦法盡快回到左邊的刻度。由於健康儀十分精準，因此他們不能自欺欺人，認為清理衣櫥就像坐下來花兩個小時看一本好書一樣有趣，也不會把自己描繪成活著就是要讓每個人都開心的角色。

他們無法否定自己的需求，因為健康儀不會讓他們這麼做。這個聰明的顯示器會像手機鬧鈴一樣提醒你，你在自我犧牲的紅色區域裡待得越久，它就會發出越大的惱人聲響。對別人太好、太久時，它會觸發一種聽不見的震顫聲，類似手機震動模式。如果你一直讓別人的玩笑話超出你的忍受範圍，顯示器會持續不斷地震動，連你旁邊的人都會聽見。如果你總是為別人的問題負責，它會開始像激動的吉娃娃一樣尖叫。最後，如果你繼續硬撐，刻度盤會發出越來越大的呻吟聲，就像疾駛而來的救護車——直到你終於肯為自己尋求改變。

當然，這個吵人的聲音會讓你很丟臉，所以你一感到惱怒或心累，就會悄悄地檢查健康儀。你會更小心地追蹤自己的情緒能量波動。

我們現在其實已經有健康儀，但它運作得十分緩慢，比我假想的發明更容易被忽視。目前的系統沒有刻度盤或警鈴，而是隨著時間過去產生症狀。高血壓或根深蒂固的憂鬱症可能是多年來累積而成的結果。事實上，舊的方法顯現出效果所需要的時間太長，以至於大多數時候，我們都錯過了聯繫。我們搞不清楚健康問題或情緒困擾來自哪裡，因為我們被教導，失衡的自我犧牲代表你是一個好人，過著有價值的人生。遺憾的是，它更多時候代表的是你正在步入充滿著精神困擾、情緒麻痺和身體崩潰的生活。

為了讓自己保持開心和情緒穩定，我們必須避開不必要的紅色區域，同時盡可能地找機會享受樂趣。我們要誠實面對自己真正的感受，這是我們能夠為自己做的最能帶來能量的事。

我們很多人為了要展現愛心和無私，常常做過了頭。我們讓自己麻木，試圖成為別人需要我們成為的人。我們顯然需要某個東西，讓我們無法繼續忽視自己。我幻想出來的發明可能要很久才能實現，但你可以毫不費力地在自己的腦海中創造一個健康儀。不管遇到什麼情況，你都要盯著想像中的刻度盤，並傾聽內在的警鈴。如果大家都能這麼做，我就不必去車庫了。

18 寫作是一種療法

寫出來的東西可以沒有邏輯、可以充滿絕望，但要真實。

設想一個最糟糕的情況：你正在面對一個糟糕的兩難局面，你感到害怕、困惑、絕望。沒有人懂你，你也不懂自己。沒有治療師可以提供協助。快點，你會怎麼做？

如果在這種時刻你有一本應急手冊，你可以快速查閱「發瘋」。在「所需設備」的標題底下，可以看到「你的大腦」，接著「第一步」的段落寫道：「拿起紙筆。」

在家家戶戶必備的急救手冊中，「將腦海中的想法寫在紙上」應該要是面對失控情況的最佳應對方式。當情況超出你能處理的範圍時，這是最有效的自救法。

現代生活以行動為導向，迅速應對挑戰被視為解決問題和重獲掌控的理想方式。遺憾的是，人類生活中有很多情況，尤其是涉及他人的情況，快速的反應實際上讓事情變得更糟。

當你的行動無濟於事時，可能是因為你不知道真正讓你心煩意亂的是什麼。如果你在搞清楚自己真正的感受之前，先採取了行動，那麼你盲目的反應會在你的周遭製造混亂。現在因為你衝動行事，導致了另一個新的問題要處理！

在你貿然行動之前，先坐下來在紙上隨意書寫。快速潦草地寫，別管標點符號、文法和大小寫。完成後就撕毀。除了你，不會有其他人去讀。寫出來的東西可以沒有邏輯、可以充滿絕望，但要真實。對於這個情況，你最害怕什麼？你暗自希望能做什麼？這個糟糕透頂的可怕情況讓你想起了什麼？為什麼你對自己有這樣的感受？有什麼事是你不肯承認的？一旦你知道更深層的要素，就可以更妥善地處理問題。

這麼做為什麼有用？因為寫作（就算是亂七八糟的潦草寫作）讓你的大腦活動從原始的情緒中心移到較高的額葉部分，那裡掌管語言、意義與洞見。就大腦而言，寫作是超越感覺的進化階段。

根據研究顯示，寫作能夠減輕憂鬱，但前提是人們用寫作來解決問題。寫中立、無關個人的主題不會有這種效果。寫作行為本身不僅僅有治療作用，還能試圖釐清情緒真相。

年幼的孩子總是需要先表達受傷的感覺和恐懼，才能真正得到安慰。一吐為快是解決任何情緒困境的第一步。如果我們能做到這一點，即使是在紙上，都能加快找到解決方法的速度，比衝動行事後再來焦頭爛額要好太多了。

除非有立即的危險，否則你在探索外部選項之前，可以考慮先探索自己的大腦。怒寫一波往往能直搗問題核心，讓你停下來、放輕鬆，赤裸裸地目睹自己未被滿足的需求或童年的恐懼。一旦你找到情緒反應的核心，想一想，溫柔地接受它，然後坐下來思考如何處理它。有了大腦更多的參與，你一定會做得更好。

19

向大自然學習

你發現自己擁有更寬闊的視野，覺得平靜和強大。

每當我面臨人生的重大困境時，我都會尋求大自然的幫助。回歸更有智慧的本質是一種古老的衝動。如果我可以到大自然走走，或只是出門一趟，噪音就會消失，留下清明的神智，彷彿我的大腦需要融入大自然平靜、不斷進化的秩序，才能想出繼續前進的最佳方式。在大自然中，只關注我自己和我真正的需求是理所當然的。

大自然和情緒不成熟的父母不一樣，它對獨特性充滿熱情，沒有什麼是統一的。每個東西都有自己獨一無二的表現方式。大自然生生不息的獨特性，反映並強化了你對自己真實存在的體驗。走入大自然會讓你變得更有活力，因為你在廣大的格局中感覺到自己的價值。你發現自己擁有更寬闊的視野，覺得平靜和強大。舉例而言，站在一片樹林裡，就像置身於一群了不起的生命之中，它們對自己感到完全自在，也不需要你偽裝成別人。

當你觀察大自然並感受到它的美時，你就進入了生物之間的欣賞圈。你會忍不住思索，所有生命可能都來自同一個源頭，在經過了千千萬萬年的適應之後，各自發展成不同的形式。我認為生命還是可以認出自己，無論它最終成為植物還是人類。當你走入大自然時，周遭都是朋友，它們的祖先和你的祖先有著緊密的關係。你們自遠古時代共同使地球繁榮。

別忘了，你也是有機體。你和樹木一樣以碳為基礎，也一樣進化成可以在空氣和陽光中成長和適應的生命形式。大自然現在的模樣是這個適應過程的活紀錄。就像一棵樹或一根草，你也會被周遭的營養物吸引。你身處不對的地方會開始萎靡消沉，但一旦你做出正確的調整，又會重新振作起來。難怪當你的核心與大自然對話時，明智的決定和選擇會更自然而然地出現。

遺憾的是，你可能會迷失而不知道自己需要什麼，又該遠離什麼。相反地，你可能已經往上遷徙到腦袋中（大概是人類最後一次大遷徙），強調思考而不是了解內心。遇到問題時，你相信你應該坐下來想辦法，就像書桌前的學生。你認為所有事物都必須透過理性、有邏輯的大腦學習，而每天享受平靜的生活不會產生任何有價值的東西。但事實上，這種穩定的平靜是所有自然生命形成的方式：優雅、包容地回應每一個環境挑戰。

當你強迫自己用力思考解決問題的方法時，你使用的大腦部位很快就會疲勞，特別是在你感到焦慮的時候。使勁尋求解決方案或許可以讓你列出一長串利弊得失，但不見得能幫助你找到問題的關鍵點。過度使用大腦這個緊繃的部位會讓你疲憊、挫敗，經常心情低落。擔心和解決問題的沉重壓力會耗盡你感覺良好的化學物質。

你理性、有邏輯的頭腦喜歡直線、直角和效率，它促使你快速做出決定，不讓你浪費時間或資源。這種受限的方法認為最佳決策就是兩個點之間最短的那條線，但直線在自然界中很少見，比較有可能出現在礦物而非生物之間。把你的思想硬套入這些不自然的形式，會破壞你自然的創造力和智謀。

事實上，努力和效率無法保證你做出好的決定。大自然向你展示了一種不同但相當成功的方法。大自然對時間很友善，不會被它推著走。以更自然的方式生活，能讓你找到最有利而不是最直接的路徑，顧及你的能量儲存。直線對大自然來說沒什麼好稀奇的，它的風格是既簡單又隨興。

大自然是你潛意識的泉源，也是創造力、靈感和夢想的發源地。你這一部分的心智就像正在生長的藤蔓，以從容不迫的速度伸展嫩芽和枝葉，迎向陽光和食物。它根據從底部吸收的養分到達頂端，不會逼自己超越極限地生長，像人類就經常被期待這麼做。大自然遵循輸出與輸入平衡的規則。如果你忘記這一點，就會精疲力盡，導致焦慮和健康問題。大自然讓你知道，你在地上看到的一切，取決於地下的養分。

每一次前進都必須補充能量和充分休息，你有沒有遵循這個規則？還是你把自己當成一臺機器，不斷逼迫自己往前走？

身處大自然讓你與自己的起源和需求重新產生連結。大自然如此真實地面對自己，你會深受薰陶。它鼓勵你相信健康的直覺，並以最小的阻力引導你前進；它讓你知道，只要做自己就可以擁有精彩的人生。

它就像和藹、明智的父母，希望你能得到最好的一切。畢竟，它的確是你的大自然母親。

第二部

我與他人

——與外在世界相處

5

人際關係議題

掌握人際關係似乎就掌握了幸福的關鍵，但你可能沒意識到，你要維繫關係的對象主要是你自己。一旦做到這一點，才有辦法拓展到其他人。

不管是友情還是愛情，對方必須尊重你的界線和個體性，並用心理解你。能夠尊重彼此的獨特性，才有辦法建立更深層的連結。

20

關係經濟學

認為你應該要成熟到可以滿足於不夠好的人事物是錯誤的想法。

人們經常以為良好的關係需要努力去維繫。令我驚訝的是，許多人對承諾關係的印象如此糟糕和無趣，他們把一段關係的目標弄得像是要磨練耐心，而不是增加幸福感。但維持一段關係的重點在於它能為你的人生**帶來**什麼，而不是帶走什麼。體貼、清楚的溝通不應該讓人覺得是一件苦差事。如果你覺得跟伴侶相處起來很費力，那可能是不正常的。

在我們的文化中，承諾關係經常被描繪成責任感高，而個人自主性低。這種陳腔濫調告訴你，失去自由和減少快樂是成年人在一段長久關係中無可避免的代價。因此，許多人做出承諾後，願意忍受的太多，能得到的又太少。認為你應該要成熟到可以滿足於不夠好的人事物是錯誤的想法。難怪這麼多長期關係最後都走向崩潰。這是一個無法永續發展的經濟。

如果人們在關係中不斷努力，卻還是得不到想要的東西，遲早會選擇離開。他們會帶著怨恨離開，因為他們認為自我犧牲和無限的耐心應該要帶來幸福才對，這樣的文化承諾讓他們感覺被背叛。但一段關係跟任何其他形式的交換一樣，你的投入不一定等同於回報。不管你多努力、放棄了多少東西，都不能強迫另一個人報答。心理成熟度和慷慨程度才能決定一個人是否願意互惠，而不是你對他付出了多少。想想你自身的經驗就知道，比如對情緒不成熟的父母永無止盡地付出，卻得不到什麼回報。

在良好的關係中，的確不是每一筆交易都是公平的，也不是每一次妥協最後都能得到滿意的結果。不過，隨著時間過去，應該要達到平衡，每筆投資都能有所回報。在親密關係的交換中，如果我給你一隻羊，而你給我一顆蘋果，這顯然是不公平的交易。但假如我接受了蘋果，可能意味著我明白你比我更適合養羊。雙方都覺得公平，沒有不切實際的誰比誰更有權利。

活力提升也是良好關係的一項益處。另一個人的陪伴讓你活力充沛，代表跟對方相處通常會讓你變得更輕鬆、開朗，精神也更好。你的伴侶應該要豐富你的人生，而不是讓你感到厭煩。能激勵他人的人會去做自己喜歡的事來保持能量，他們抓緊機會找樂子，藉此增強與趣和活力。當伴侶雙方都能照顧自己時，就能為關係帶來好的能量。加乘效應開始發揮作用，互動為彼此創造好處。

但如果一段關係充斥著情感上的努力或太多不公平的交易，就像跟情緒不成熟的父母相處一樣，那麼你的能量會消失殆盡。這樣的天平太失衡了

另一個錯誤的想法是「你不應該在一段承諾關係中記分」。真愛不應該去計較。但你能想像一個真實的人完全不會去記分嗎？如果伴侶覺得自己付出得比回報多，那最好還是把相對的努力記錄下來，讓事情可以平衡。如果你對一個在乎公平的人指出不公平的地方，他不會感到被冒犯，而是會關注和留意。只有權利意識過剩的人，才會在被指出不公平待遇時惱羞成怒。

除了公平和互惠之外，一個好的伴侶很容易溝通，並讓你覺得被理解。這與複雜的對話無關；只是簡單的傾聽意願，表示他也有把你放在心上。當你解釋這段關係的貿易協定讓你很不好受時，對方是否能夠明白。

願不願意打開天窗說亮話，是預測一段關係能帶來多大益處的最佳方式之一。你的伴侶對溝通的態度將決定這段關係需要多努力來維持。如果對方的反應是發怒、退縮或閃躲，那

麼你肯定會很辛苦維持，只為了有穩定的感覺。

在任何類型的承諾關係中，如果你把關係的底層結構當成貿易經濟來看，就會感到更樂觀、更有能力面對狀況。這不是不浪漫，而是**實際**。如果你想讓你的關係長期保持健康的狀態，請記住所有交易的規則：想付出多少就付出多少，但也要要求對雙方來說都覺得公平的回報。

21

彈簧效應

性格不是努力就可以塑造的——它是你一無所求的模樣。

人在心理上很有彈性。我稱之為「彈簧效應」。彈簧，不管你怎麼拉扯它，最後都會恢復原來的形狀。我們只要努力，都可以延展到超出舒服的範圍，暫時讓自己看起來比真實的狀態好。彈簧效應讓我們在短時間內表現突出，但壓力消失後，就會回到原本的模樣。

在人際關係中，當人們盡力創造良好的第一印象時，會像彈簧一樣把自己延伸變高，但一放鬆下來就會縮成正常的尺寸，重現本色。你可以把正常的彈簧想成是人們真正的心理成熟度。一旦成熟了，我們不須思考就能保持這個形狀。和彈簧一樣，一旦人們達到發展的極限，個性就不太會變了。不過，如果人們在心理上沒有完全發展，就必須學會延展來彌補情緒上的不成熟，讓自己看起來體面並得到想要的東西。

許多人認識自己的伴侶時，會發現對方努力試著要留下良好印象。用彈簧來說，他正在大力往上拉伸。一開始，他可能會有貼心的舉動、公開表達愛意，或表現出溫柔的同情心。但隨著時間過去，彈力越來越疲乏，然後收縮成較舒服的形狀。這時你就會看到對方真實的樣貌。

如果你遇到一個人的時候，對方處於延展狀態，你會以為他比實際上更容易親近。當他彈回真正的形狀時，你可能會懷疑當初那個很棒的人去哪裡了。他突然變得自私、不敏感、防衛心重、愛找麻煩和控制慾強。簡而言之，對方開始顯露出不成熟的形狀——真正的彈簧型態。

當這些人縮回自己的舒適圈時，你可能以為只要他們努力嘗試，就能**恢復**之前令人讚嘆的模樣。的確有可能，但誰能每一天都這麼努力？把自私的行為當作是一種選擇，或者認為一個人只要願意，就能變得更好心，都是錯誤的想法。這樣的人無法保持成熟，因為他們做不到，就像一個孩子無法永遠保持良好的行為。你不能超越延伸的物理極限，這只是一個暫時的狀態。

當你遇到情緒不成熟的人處於延展模式，你無法馬上看穿他們的美好表象，只有時間和經驗能告訴你。因此最好的方法是讓關係有時間可以發展，你才會知道他們為他人著想的行為是彈簧效應，還是真正的本性。打個比方，那個人是真的那麼高，還是踮著腳尖？

這一點對情緒上的親密感來說更是如此，人們需要敞開心扉，互相交流最深層的需要、感受和夢想。在一段關係剛開始的時候，彈簧型的人會將自己延伸至更擴大的版本中，努力傾聽和關心。但總是會有彈回原狀的時候，即使只有一秒，這一刻將讓你一窺這個未來你要共同生活的人是什麼模樣。

問問自己，你新的對象是否長期以來都在放鬆的狀態下展現和善和可靠的態度，還是只是暫時的延展？你看到的是真正的善良和關懷，還是不成熟性格的短暫努力，遇到下一波持續的壓力就會縮回來？

這個問題無法立即被回答，因為彈簧的彈性疲乏需要過一段時間才會顯現。這是不要太快進入承諾關係的最佳原因。彈簧型的人會一直對你施壓，要你趕快做出決定和承諾，因為他們撐不了太久。快點讓你成為囊中物，他們就能縮回更舒服的形狀。

用老套的說法，彈簧效應的相反是**性格**。性格指的是你在不會獲得任何好處的行動裡，是什麼樣的人。它不是努力就可以塑造的，而是你一無所求的模樣。和彈簧一樣，當隱藏的動機拉扯一個人時，你會看不清他們的真面目。讓他們放鬆下來，覺得你已經到手，再看看之後會有什麼表現。

當新的人出現在我們的生命時，我們要不斷地問自己這個問題：這是這個人真實的模樣，還是努力延展的結果？一旦落入彈簧效應的陷阱，要從一段挫敗的關係中抽身，可能會是一個痛苦又漫長的過程，因為你一直希望下一次的延展能固定下來。但你要退後一步，觀察對方在無利可圖的情況下，現出什麼樣的原形。看看他們在篤定你已經到手之後，如何對待你。那才是彈簧真正的樣子。

22

愛情咖啡館

如果與某人尚未深交就覺得需要對方，失望的機率會很大。

找伴侶就像嘗試新的餐廳。在愛情的咖啡館裡，我們會先看菜單再點菜，避免日後幻滅而痛苦不已？還是進門後，叫服務生端任何他推薦的菜上來？有時，如果我們真的很餓，有些人甚至會連菜單都不看。在愛情咖啡館，我們不只讓服務生做決定，還先付錢，包含豐厚的小費，然後殷殷期盼著能吃到喜歡的菜。

只有在情緒上飽足了，才有選擇的餘地。如果情緒不成熟的父母讓我們在童年時期餓壞了，我們現在看到任何餐廳都會很開心，只要它的門面看起來不錯，靠近門口的地方有停車場，我們就不會太挑剔，很少花時間去細看菜單。

但真正的問題不在於菜單上有什麼。當我們沒耐心仔細看菜單時，更深層的問題就會發生。我們入座時已經餓得前胸貼後背，任何菜上桌，馬上抓緊對方，甚至在認識**之前**就需要他。如果和某人尚未深交就覺得需要對方，失望的機率會很大。

解決問題的方法看起來很明顯：花時間讀菜單，好好認識這個人。但似乎不是這麼一回事。我們喜歡先陷入愛河，之後再來問問題。我們甚至會將不貼心的行為合理化，當局者迷，旁觀者清。當然，到了那時候，我們已經陷入太深，認為地球上只剩這個地方可以吃飯，接著我們將經歷一個漫長而痛苦的抽離過程，因為我們在還不知道這個人是否值得託付時，就給出了自己的心。

通常問題的徵兆一開始就在那裡了，我們只是餓到沒仔細去看。就像包裝食品，潛在伴侶的成分都顯示在他們的微小行為中，也就是：在他們以為你沒注意時，是用什麼方式對待你的。在雜貨店裡，一項產品的成分會告訴你，它是否有足夠的營養，或只是包裝好看。充滿魅力的人也是同樣道理。看起來具吸引力不代表他們適合你，你最後可能會得到一條糖果棒，而不是一頓飯。

不好的伴侶就像沒有營養的食物，只有在我們情感飢餓時看起來難以抗拒。我們讓自己餓過頭了，太久沒有得到養分。接著，和消瘦的難民一樣，你會飢不擇食。眼神接觸、調情或其他感興趣的暗示都會很快地被誤解為是豐盛大餐前的開胃小點。我們不會停下來問自己，這一頓大餐是否真的存在，更不會無禮地問對方，這些開胃小點是否就是全部。就在我們想要大啖這段關係的主菜時，潛在伴侶突然退縮或開始引發爭執。我們有辦法事先預料到這個狀況嗎？

可以，但我們要有**意願**這麼做。情感飢餓讓我們早在什麼都還沒有發生之前，就開始期盼安全感和承諾。我們不敢去看菜單，深怕上面沒有主菜，這會是一大打擊，因為我們已經認定這個人終於可以填補我們的心房。

許多潛在伴侶是很好的開胃小點。他們一開始對我們的關注減輕了飢餓感，讓我們開始對剩下的菜色變得挑剔。吃完點心後，我們注意到銀器上有斑點，或是服務生一直端來沒煮熟的食物。但只要你餓得受不了，就會為不可原諒的事情找藉口。

挨餓不會讓你變成美食評論家，只會讓你把不合格的伙食當成寶。在你能夠辨明潛在伴侶之前，你要給自己足夠的關懷，別去忍受失望的人事物。一旦你對自己付出足夠的關心，以友誼、興趣和活動餵養自己，垃圾食物看起來就不會那麼誘人了。你會堅持享用高品質又賣相佳的菜餚，而不會妥協於較糟的選項。

當你感到滿足了，只有善良、同樣投入又具幽默感的人能引發你的食慾。你會忽略上面美麗的糖粉，問道：「對方的行為是否有考量我的感受？」你會抑制浪漫的幻想，直到你看清底下的真面目。你會注意這道菜是否營養豐富，還是自私乏味。

和好的食物一樣，你需要經驗老到的味蕾來挑選有品質的關係。如果你能將第一口吃下去的味道和後來肚子的感覺連結在一起，那麼空熱量食物就會失去吸引力。在愛情咖啡館，你會開始選擇能滋養你的人，對方會提供情感上的養分、飽足感，讓你感到充滿力量和能量。和食物一樣，有些人可以長久維繫，有些人只能玩玩就好。你要做的就是去讀他們的標籤，好好看個仔細，並確保你在出門前不是處於太餓的狀態。

23

剛剛好先生和剛剛好小姐

你找的不是真命天子或真命天女，而是你自己。

最近，有個朋友說了她在洲際公路拋錨的故事，一名男子在她後面停下來幫忙，對方在文化、政治和人生觀顯然都跟她是完全相反的類型，但她從來沒有這麼高興見到某個人過。男子幫她換了輪胎，拒絕為他的服務收錢，然後離去。另一個朋友聽完故事笑著說：「他或許不是對的人，但是是**剛剛好**的人！」

我很喜歡這個故事，因為的確如此，在生命的某一刻，我們原本不會來往的人，可能突然之間出現在對的時間，為我們帶來需要的東西。我朋友之前絕對不會跟這位恩人相同類型的人出去，但那不影響她對他伸出援手的行為深深感激。我們在崩潰之中形成的羈絆會越過刻板印象，直達內心。

跟我們非常不一樣的人，往往會走進我們的生命，讓我們知道需要什麼才能成長。戀愛關係更是如此。在個人和內心轉變的時期，你可能會對進入你人生的某個人產生強烈的吸引力。因為你過去存在的方式已經崩潰，誰停下來幫助你都無關緊要。在這樣的時期，即使是長期關係也有可能因為外面的迷惑而動搖。

當關係動盪不安時，你會想知道到底發生了什麼事。為什麼之前負責任的人會打亂井然有序的生活？你為什麼會突然願意為了新歡放棄一切，即使在他人眼中對方是個錯的人？只能怪你的心靈有尋求平衡的絕對本能。當一成不變的人生角色太沉悶時，內在自我會開始蠢蠢欲動地尋找新鮮感，它希望你滿足整個自我，而不僅僅是你到目前為止遵循的社會腳本。

這個內在對成長的需求要你別再假裝開心，應該去嘗試新的東西來發覺真正的自我。有時，你遇到的人活脫脫是你被否認的那一部分自我，而單純的成長慾望會讓你深受吸引。

你的成長本能不會叫你去跟龐克頭男或緊身洞洞裝女搞外遇或約會，但有時訊息傳遞時會出現錯亂。你沒有意識到你需要表達自己新的一面，而是認為你在那個把你捧得至高無上的怪怪新對象身上找到了答案。

我們可以把這些對象稱為「剛剛好先生」或「剛剛好小姐」。他們長久下來或許不是真命天子或真命天女，但在某段時間裡對你表現出了興趣，停下來關心你好不好。在這些看似行不通的關係中，你終於覺得你可以擁有真正的自我和想要的生活。你敞開心胸接受以前不被容許的可能性。

如果某個人的注意力能增強你與情緒和本能的重要連結，你很難抗拒。其他人可能會對這種吸引力感到困惑，但它通常反映出你是多麼迫切地想要尋回你被忽視的靈魂。你找的不是真命天子或真命天女，而是**你自己**。

如果剛剛好先生或剛剛好小姐在其他人都把你視為理所當然的時候出現，你會抓住機會也不令人驚訝了。不管你是青少年、成年人還是中年人，此刻轉瞬即逝的快樂，感覺就像是多年來自己循規蹈矩的公平報酬。

遺憾的是，世界上的剛剛好先生或剛剛好小姐讓你忘記了快樂是由內而生的，成就感來自自我實現，而不僅僅是交個新的男女朋友。你為某人傾倒時，要記得你遲早必須靠自己站起來。他們似乎會幫你完成所有的自我探索，但你真正得到的是什麼？對方可能會啟發你改變人生，但他們的工作絕對不是告訴你，你需要往哪個方向走。

當剛剛好先生或剛剛好小姐變得賞心悅目時，你要檢視一下自己的人生。這個新的對象很有可能擁有許多你壓抑的特質。別把好心路人錯當靈魂伴侶，先想想剛剛好先生或剛剛好小姐是不是代表了你內心需要表達的東西。

24

該留下，還是該離開？

你可能感覺得到，你不只是在離開一段關係，也是在遠離對他人的依賴。

我們可以很快地告訴別人，他應該要放棄不快樂的關係，卻不一定理解對方一開始進入這段關係的原因。無論在什麼情況下，考慮離開任何類型的關係都是一個覺醒的過程。任何考慮離開婚姻、工作或友誼的人，都會開始質疑過去為別人而活的信念。因此，離開一段不快樂的關係，並不是單純留下或離開的問題，而是深層的心理選擇：**你覺得自己是否有資格過快樂的人生？**

當你對要不要離開一個糟糕的情況感到矛盾時，你可能經濟不獨立，或有孩子要考慮，但作為情緒不成熟父母的孩子，你或許會過度關注他人的感受和需求。你可能非常痛苦，卻忽略了這一點，因為你擔心造成他人的傷害或憤怒。你要花很長一段時間才能從優先考慮他人的想法當中驚醒，意識到自己不快樂的現實。

當你說：「我該留下還是離開？」你真正想問的是「我是否可以拿回對人生的掌控權？」你可能覺得自己不能成為一個直率、有自信的人，**同時**留在這段關係中。你太習慣考慮別人，認為只有離開一段關係才能做自己。

優柔寡斷往往是對個人權力更深層的矛盾心理，所以要離開才會這麼難。你可能感覺得到，你不只是在離開一段關係，也是在遠離對他人的依賴。這種依賴可以有很多種形式，但基本上是依賴他人的認同，感覺自己的存在只有在被他人需要時才有價值。

每當你考慮離開一段關係時，不管是婚姻、友誼還是工作，如果你願意給自己足夠的時間來理解這個舉動背後的所有意義，就能更平靜地去執行。優柔寡斷或不斷離開又回來，都不是失敗的表現。你對你是否具有身為個體的權利以及掌控人生的能力產生巨大懷疑，心理上才會用這種來來回回的方式處理。有時，在你釐清自己想要什麼以及為什麼之前，大量的矛盾是不可避免的。

你只要記得，當你在猶豫不決中掙扎時，你的內心正在成長，即使沒有人看得見，包括你自己。每次你去思考想要自由的原因時，都會變得更堅強，也更習慣這個想法。當你的內在終於準備好時，外在世界的步驟就簡單多了。事實上，當你真的準備好了，離開時會特別感到平靜和充實。因為你花了足夠的時間對自己的舉動產生信心，所以之後通常比較不會後悔或遲疑。

當你無法決定去留時，給自己必要的時間和自我接納，再做出妥當的選擇。不必為了別人所謂的「堅強」而匆促行事。真正的力量和決心來自解決問題，而不僅僅是採取行動。離開或留下並不是最基本的決定；要不要做自己才是。

25

當個關係領袖

如果你只等別人來猜測你的需求，關係一定會破裂。

良好的關係有時需要有人帶頭。大多數的人都有過一些不太好的關係，但我們傾向於接受事物的本來面目，而不是將關係引導到更健康的地方。我們以為另一個人就是這樣了，無法改變，更有可能的是，我們還沒有仔細思考過我們真正想要從這段關係中得到什麼。我們在關係中被動地做出反應，而不是領導。

情緒不成熟的父母會教孩子要無條件的聽話，所以經過這樣的訓練之後，你在人際關係中可能有時會過於被動。但如果你只等別人來猜測你的需求，關係一定會破裂。與其為他人的麻木不仁而惱怒，不如直接告訴他們，你希望他們做什麼，你要他們給你什麼樣的回應。

這樣開放的溝通在摯友之間和親密關係中比較容易自然地發生，但你也可以試著領導你別無選擇的其他關係，比如你的工作、鄰居和親戚。即使到了最後你身邊的人跟你沒什麼共同點，而且他們沒有注意到你的感受或需求，你還是可以當一個出色的關係領袖。

關係領袖很清楚自己希望如何被對待，以及什麼能讓他們的關係有價值。他們會要求被尊重地對待，像是要求他人有禮貌，或不以侮辱的言詞表達不同的意見。舉例而言，關係領袖可能會對大呼小叫發號施令的人說：「我很願意幫你，但請你有話好好說。」或是對嘲笑別人政治觀點的人說：「我覺得大家都能用不同的角度看事情，聽聽正反意見很有趣。」這些都是主動將對話往好的方向推進的中性反應。

關係領袖甚至可以更進一步，提供點子讓**雙方**都能從關係中獲益。舉例來說，沒事想到就來打擾你的人，並不尊重界線。你或許可以要求對方，像是「請你下次來之前，先打電話問問我方不方便。」也可以分享良好關係的真諦，像是「造訪前最好能事先告知，免得別人正好有事。」或「當雙方都準備好要聚聚時的聚會，比較好玩。」

如果別人違反了你要求的界線，表示他們第一次並沒有認真看待。他們還是我行我素，所以需要你的領導能力來做出更適當的行為。舉例而言，如果一個同事在你表明不希望工作被打斷之後，還一直來跟你聊天，你可以主導這段關係，跟對方說：「如果我們要成為好同事，就必須給對方時間把事情做完。等我有空會再去找你。」對一個生你的氣的朋友，你可以說：「很遺憾你這麼不高興，但我希望我們能解決問題。你對我說實話是一件好事。」這麼做是以尊重、有益的方式為關係帶來正面的價值。

除了設定界線之外，你有時可能也會遇到別人對你很差，或指責你子虛烏有的事情。此時，作為關係領袖，你可以引導關係往前進，做出適當的反應，以免傷害關係而無法修補。舉例來說，如果某人不公平地指責你心懷不軌，你可能會說：「我不是這個意思。」然後緊接著運用關係領導能力，表示：「在假設最壞的情況之前，讓我們先確認一下彼此的認知。」或是如果某人對你懷恨在心，「如果我們能清楚地告訴對方有什麼不滿，事情會好轉許多。」

有時，成年子女和他們的父母，不管是否情緒不成熟，都會發生利益衝突。由於父母習慣了當權威人物，因此通常需要靠成年子女才能讓關係變得更平等，雙方更尊重彼此。舉例而言，當父母想要出意見或幫你做決定時，你可能會說：「這是個好主意，媽，但最好還是讓我自己想辦法。」如果父母因此生氣，言語變得刻薄，你可以當個領袖並說：「我希望你可以控制自己。我們都是成年人了。你這樣對我說話，我們要怎麼擁有良好的親子關係呢？」

記住，在關係中發揮領導能力的最終目標，不只是為自己發聲，還有提醒雙方要尊重彼此。你要**選擇**去領導或是服從。如果你知道有更好的方法，卻不去教別人，那也無濟於事。

26

情緒成熟的重要性

另一個人的情緒成熟度是考慮任何新事業的關鍵要素。

有時我們必須賦予別人領導我們的權力，像是申請新工作、選擇新老師或老闆，或進入一段合法夥伴關係時，這些重要人物的情緒成熟度可以讓你的生活品質產生巨大變化。

舉例而言，情緒成熟的領袖可以關心自身以外的人事物。這也代表他們能應付現實狀況，發揮同理心，以及展現自我反思和當責的態度。你可以相信這樣的領袖或老闆會負責任、改正錯誤，以及考慮他人的想法和感受。

位高權重的人，需要情緒成熟的能力，比如父母、老闆、老師和領袖，因為他們的工作有一大部分必須公平處事和關心他人。情緒不成熟的人很難做到這兩點，他們的最高指導原則是先滿足自己的需求，公平處事、關心他人和這樣的原則背道而馳。受制於情緒不成熟的人是很痛苦的事；這就是為什麼另一個人的情緒成熟度是考慮任何新事業的關鍵要素。

擁有權力的人要是能夠跳脫自身，想像除了自己以外還能怎麼樣為他人帶來益處，那麼就能做到公平處事。情緒成熟的人會很自然地這麼做。當有不公平的事情發生時，他們會感到不自在，即使這種不平衡可能對他們有利。他們有一種基本的概念，認為其他人在根本的人性層面上也應該得到公平的對待。

反觀情緒不成熟的人會以自我為中心，本能地去利用他人。他們不太會去注意他人正在經歷什麼，因為在情感上無法想像他人的經驗。他們的個性缺乏多維性，不能理解被不公平對待的人有何感受。只要不是發生在他們身上，就不會設身處地為他人著想。他們可能會試圖表現出關心的樣子，但無可避免地，情緒不成熟的老闆、領袖或生意夥伴會做出極度自私自利的舉動，讓你意識到他們幾乎不會去考慮他人的福祉。這種特質通常會在面臨重大問題的時候顯現，但可以肯定的是，早就有無數微小的跡象，透露出他們缺乏對人的真心關懷。

當我們有被照顧到的基本感覺時，就能創造出安全和賦權的氛圍。為了表現出自己最好的一面，你必須感覺到凌駕於你之上的人能處理現實狀況，公平地對待你，並對你正在經歷的事情感同身受。這些能力完全來自於他們的情緒成熟度。情緒成熟的老闆或領袖能與你同舟共濟；情緒不成熟的會要你為他赴湯蹈火。

如果某個人能在一定程度上控制你的生活，而你考慮向他做出承諾時，想一想：他們能夠認清現實嗎？他們是否展現出公平的態度，特別是在小事情上？你有沒有感受到最根本的關心？他們會不會傾聽你的意見？如果和這樣的人共事，你會因為感到安全和安心而有最好的表現。公平、同理和重視能激發我們最棒的天賦和能量。情緒成熟會帶來滿足感，不僅僅是個人本身，還有必須在他們周遭生活的人。如果你和在乎你的人成為夥伴，每個人都能向上提升。你不會只是某個人的踏腳石。當你必須賦予別人權力時，要確保對方有心保護他們自己和你的福祉。

6

有毒的人

這類人可能會對你的內在經驗視而不見。與他們互動往往令人沮喪、疲憊，甚至心灰意冷。

別讓自己任他們擺布，即使你在童年時期學會消極以對。只要你知道怎麼應付他們，就能減少他們的控制，並為自己採取行動。

27

支配者

他們不想改善關係，只想贏。

在實境秀《報告狗班長》（*Dog Whisperer*）中，西薩．米蘭（Cesar Millan）一定會教育狗主人如何在犬界占有支配地位。米蘭的工作重點是訓練主人在被狗爬到頭上之前，成為犬群的老大。當他解釋軟弱的態度會誘使狗兒奪取權力時，大部分的主人都露出「我完全不知道這件事」的表情。

我必須承認，收看節目之前，我也認為狗兒做出壞行為是因為受到驚嚇或生病。我沒想過狗兒會有支配性，特別是小型犬。我沒意識到這一點，可能是因為和那些飼主一樣，我把狗兒當成是需要照顧和愛護的毛小孩。為什麼我們會對這個支配的核心議題視而不見？

我們沒有認知到寵物的支配行為，可能是因為我們被訓練成在人類身上忽略這件事。法蘭斯・德瓦爾（Frans de Waal）在他的著作《猿形畢露》（*Our Inner Ape*）中提到在人類行為研究中，有關支配的主題長期被忽略。在心理學領域，我們可以把支配行為稱為「自戀（narcissism）」、「心理病態（psychopathy）」或「間歇性暴怒症（intermittent rage disorder）」。但我們不願意用動物世界的專有名詞來稱呼它。我們人類自欺欺人地認為與他人合作是常態，但沒有什麼比爭權奪利更常見的了。動物專家比較容易看見支配行為的本質：一個實體對另一個實體施加控制，以達到頭號領導者的地位。

在人類家族裡，占主導地位的成員通常不是以啃咬的方式來統治棲息地，而是從心理層面下手。你情緒不成熟的父母可能會這樣擺布你，經常利用巧妙的恐嚇，或引發你的罪惡感、羞恥感和自卑感來保持他們的地位。這些強勢的老大會剷除任何重視和諧多於地位的人，而這一切當然都是為了他們自己好。

具支配性格的人通常不認為自身行為有侵略性。他們覺得自己聰明又能夠保護他人，足智多謀又通達事理。如果你為他們貼上具支配性的標籤，他們會覺得深深被誤解，因為他們認為自己只是在做最好的事情，堅信自己居高位能讓任何群體獲益。

事實上，他們對於群體需要領導者的認知是正確的。在任何成功的動物群中，領導都是不可或缺的。只有在知道誰是老大的情況下，才有可能達到平靜和安全。要是沒有人願意負起責任、調解紛爭，並告訴所有人該站在什麼位置，動物和人類都將一直處於對存在沒有安全感的狀態。但領導不只是支配；還要顧及每一個個體的利益。如果一隻狗或一個人是不公平或具侵略性的領袖，整個群體都會受苦。一隻糟糕的狗老大最終可能會失去自己的地位；一個霸道的人類老大可能會落得離婚或被趕下臺的下場。

具支配性的人和動物首領有許多共同點。人和猿猴、狗兒一樣，一旦掌權就會不想放手，奮力守住，即使沒有這種壓力會比較快樂。支配者往往疑神疑鬼和吹毛求疵，因為只有找到潛在對手的弱點才會讓他們有安全感，而每一個人（甚至自己的孩子）都是潛在對手。他們會拼命否認自己的弱點，以免被新崛起的競爭者利用。這就是為什麼跟他們討論他們的行為是行不通的。他們不想改善關係，只想贏。

在雄性靈長類動物之間，支配代表恐嚇的行為。在雌性靈長類動物之間，支配行為可能更加微妙，牠們會故意拒絕接受和安慰來達到目的，牠們可能會拒絕分享或疏遠群體中的某些成員。在人類世界中，女性還有引起罪惡感和批評的選項。

當你與支配者共處時，在情緒上必須花很多心思，特別是如果你由支配型的情緒不成熟父母養大。因此，你會因為要去迎合生活中固執己見的首領而容易感到疲憊不堪，要一直不斷去想對方會有什麼反應是很累人的事。不過，你要意識到，不必僅僅因為某個人喜歡居支配地位，你就要表現出軟弱的樣子，這時就可以重新點燃能量和希望。

一旦看穿支配的真面目，也就是堅持掌控一切的慾望，我們可以不把支配行為放在心上。舉例而言，如果某人批評或疏遠你，最好認清這個舉動的本質，而不是去質疑自我價值。

支配行為只有一個目標：貶低你，好讓首領保有權力和地位。就是這麼基本又令人釋懷的道理。馴狗師可以認出展現權力的舉動，你也可以。

28

機關槍演說家

跟他們對話就像被迫聽某人唸外地報紙的新聞。

或許這是內向者才會有的問題，但我很好奇，有多少人受不了講話滔滔不絕的人？我指的不是那種嘮叨、友善，會引導對話，讓話題延續下去的人，而是談話時，像在山路上往下衝的失速卡車，沒有東西能讓他停下來。

我稱這些人為「機關槍演說家」，因為他們的言詞帶有壓迫感和控制慾的特質。當他們對自己的想法做出反應時，話語就會源源不絕地出現。他們執著於不相關的細節，像是試圖想起來某人的姓氏、那個人跟另一個人有什麼關係，或是某件事發生的確切日期。但身為聽眾的你，根本沒興趣理清這些人的關係，也不在乎誰是誰或是某事在何時發生。跟他們對話就像被迫聽某人唸外地報紙的新聞，你聽都沒聽過的人，他可以如數家珍。

這些演說家不會讓別人有說話的機會。他們像訓練有素的歌手一樣巧妙地做到這一點，控制吸氣的時間，這樣你就無法趁機插話或轉移話題。當他們喘氣時，會用拖長音的「還有……」、「呃……」或「所以……」繼續長篇大論，你想發言只能硬生生地打斷他們。這些填補空白的字詞會讓你以為接下來他會說出什麼重要的話，但幾乎都不是如此。

機關槍演說家言詞具強迫性，由內在驅動，沒有他人的投入。他們不會意識到自己令人厭煩、言語太冗長，或是不分享談話時間。事實上，他們會一直不停說下去，彷彿時間多到用不完，而其他人都沒有別的地方要去、別的事要做。

他們的明顯目標是盡可能抓住你的注意力，如此一來，你就能看出他們的需求在情緒上有多**不成熟**。這不是成年人之間有來有往的愉悅對話；比較像情緒被忽略的焦慮孩子，不敢停止說話，否則媽媽就不會理他。他們不相信別人會對自己要說的話有興趣，從一開始就想掌控互動，不管怎麼樣都要讓對方把注意力放在自己身上。這是一種自我陶醉的社交風格，能夠俘虜一批聽眾，但只有一小段時間。別人很快地學會限縮跟這些人相處的時間，避開他們或確保有辦法隨時撤退。機關槍演說家沒有意識到，他們正在失去真正能夠在情緒上令人滿足的互動機會。他們似乎很怕一閉上嘴，就會變得沒有存在感。

如果你覺得你可能有一些機關槍演說家的傾向，問問自己，你是否會停頓和提問，讓別人也有說話的機會。一個好的經驗法則是，如果你已經講了一個段落，做一點總結性的評論來提示其他人說話。記得每次對話至少問兩個關於對方的問題，然後聆聽至少三十秒。

不過，如果你通常是與機關槍演說家交談的對象，那麼問問自己，是否助長了他們這種累人的社交行為。作為情緒不成熟父母的孩子，你是否被教導要讓他人主導對話，因為你的父母沒耐心聽你說話？你是否很容易太有禮貌，即使自己的需求在內心尖叫？

是的話，你可以利用機關槍演說家來幫助你糾正自我貶低的傾向。他們很適合讓你練習有自信的自我表達。機關槍演說家相當自以為是，如果你用自己的話語打斷他們的獨白，他們幾乎不會注意到，也不會被冒犯。他們是社交界的 Nokia 3310。你可以一遍又一遍地大膽把話講出來，他們會繼續輾壓對話，讓你充分練習上天賦予你的發言權。

記住，你有權利被傾聽，而不只是被看見，機關槍演說家搞不好正是你練習發聲所需要的交談對象。儘管發表意見。提高你的音量插話或將對話引導至你有興趣的話題。機關槍演說家就和焦慮的孩子一樣，可能會偷偷感謝你把控制權從他們的手中拿走。

29

疏遠者

積極回應，拒絕內疚。

在人類可以對彼此做的所有事情中，疏遠是最糟糕的。我們通常會把處罰想成是身體上的痛苦或剝削，但在任何類型的關係中，故意疏遠別人會造成獨特的傷害。當我們忽視別人並拒絕他們的提議，會讓對方感到羞恥和無力。

疏遠通常具有針對性，而且明目張膽。你會覺得被排除在外，很明顯地，這個人正在對你生氣或不認同你。疏遠最險惡的影響是，你往往不知道自己做錯了什麼，煩惱到底哪個地方沒做好。

其他形式的疏遠比較微妙，讓你發狂地思考哪裡出了問題。即使對方看起來很和善，甚至興高采烈，你還是可以感覺到一股冷漠，發覺兩人已經不如以往親近。當你詢問時，對方可能會無辜地揚起眉毛，彷彿在暗示一切都是你想像出來的。在這些時候，諷刺的是，雖然對方聲稱自己什麼也沒做，但你就是知道有事情不對勁。

不管是明著來還是暗著來，疏遠會破壞人們彼此之間的信任。你不再感到與對方親近，而是分離和孤立。如果你很在乎是否跟別人處得來，這樣的對待方式可能會讓你覺得被宣判單獨監禁。怎麼做都無法恢復與對方的連結。

從情感的角度來看，這已經夠糟了，但疏遠還有看不見的身體影響。當某個人對你置之不理，尤其是童年時期的情緒不成熟父母，會讓你神經系統裡負責與他人連結產生安全感和支持感的部分失調。冷漠會激發原始的不安全感，甚至因失去他人的認可而情緒崩潰。這種關係安全和情感聯結的喪失，可能會對我們的主要器官和血壓造成壓力，引發內部系統之間的不平衡。

疏遠讓我們意識到有多需要彼此的善意。因為情緒是會感染的，每個人都有讓他人感到安全或不安全的力量。在關係非常緊密的情況下，像是情人或親子之間，對方的回應可以讓你認同或否定自己的存在意義。舉例而言，如果你情緒不成熟的父母對你冷若冰霜，不想待在你身邊，我相信你一定會記得，這件事如何在大大小小的方面耗盡你的生命能量。

被疏遠時該怎麼辦？首先，你要知道對方正在以**行為**而非話語表達感受。他們可能從自己的家庭學會這麼做，然後用在你身上。因此，你要假定他們不知道如何談論感受或不同意見，但你不必過度擔心或傷心，把所有注意力都放在對方迴避的舉動。相反地，當作對方不舒服，跟他們說：「我看得出來我令你不開心。希望你可以跟我談談，但或許你現在做不到。等你感覺好一些，我們再談。」然後放下這件事。

採取**積極**而非消極的態度，你會馬上覺得比較好過。疏遠的威力在於讓你無能為力，處於被動狀態。當你積極地以友善的話語去回應並放下時，威力就會從他們無理取鬧的行為中消失。把這種行為當成對方缺乏溝通技巧，而不是懲罰，罪惡感就不會上身。你已經正確地將它重新定義為情緒溝通的問題，而不是對方的全面拒絕。只有當你**同意**接受指責時，疏遠才會變成關係的原子彈。

你曾經疏遠別人嗎？或許你可以試試使用對關係傷害較小的方式回應，告訴對方，你難以消化剛剛發生的事，請他給你一點時間解決。你也可以明確表示，你不是在拒絕他，只是需要一些空間，保證等事情稍微平靜下來會談談。之後，向對方解釋心煩意亂時，你很難繼續說話。

親近的關係充滿了需求和情感，對我們的行為會產生很大的影響。我們可以在不收回愛的情況下，表達不同的意見和受傷的心情，讓我們周遭的世界變得更美好。當我們放棄冷漠時，就能停止互相懲罰，重新牽起聯繫。

30

但他是個好人

別因為對方擁有一些好的特質，就否認他對你的傷害。

保護自尊的最佳方法之一，就是在別人對我們刻薄時，能意識到這一點。如此一來，我們就不太會去責怪自己，或是將沒有根據的批評放在心上。不過，我發現情緒不成熟父母的成年子女，往往不願意將親朋好友的行為定義為「刻薄」或「帶有惡意」。舉例而言，他們可能會告訴我，自己跟父親有多疏遠、沒感情，然後總結一句：「但他是個好人。」或是在抱怨完某個朋友輕率的行為之後，補充說：「但她人真的很好。」

當我同時聽到兩個非常矛盾的說法時，百思不得其解。這兩件事是互斥的，我的腦袋試圖搞懂不可能的現象，但就此卡住無法進行分析。說實話，我想不通行為刻薄的人怎麼會是好人。

在思考他人令人困惑的行為時，你可能會用同樣的方式催眠自己。被喜歡的人傷害之後，為了緩解震驚的情緒，你會用一種不去多想的方式讓自己安心，像是「但她是個好人」或「他人還是不錯。」

要幫這些人說話沒關係，但我難以接受用這樣的話語來解釋痛苦、無禮和否定的行為，如果是陌生人做出同樣行為，結果會顯而易見。

如果你試圖用「好」、「不錯」或「善意」等字眼來掩蓋對方貶低你的惡劣行為，你的自尊會受傷，這等於是變相在說他們**不是**故意的。好吧，但用這種角度來看，代表你也必須得出一個結論：那就是你過度敏感或神經質，才會被「好人」無辜、非刻意的行為影響的這麼深。

每當我們為了維護別人的自我形象而否定自己的情緒反應時，就會踏上前往憂鬱的道路。這是因為真實的情緒，能讓我們的內心保持活躍，並發覺別人實際上是以什麼樣的方式對待我們。

如果你的人生中，有人對你有好有壞，試著兩面都真實看待。你沒有道德義務強調他們整體的「好」，而忽略他們可能已經造成的「傷害」。別因為某個人有缺點也有優點，便否定你情感受傷的事實。接受對方兩面皆具的真相，並誠實面對目前的狀況。如此一來，你便能相信自己的反應，保護自尊不受傷害。你還是可以和對方當朋友，但不一定要以否定自己為代價。

31

親愛的收費員先生

別人對你毫無反應可以扼殺你的精神。

這一篇文章是寫給你看的，收費員先生。多年前，當地高速公路的收費站曾經有穿制服的服務人員。他們幾乎都像禪師一樣，有著非人般的效率，拿走你的鈔票，再找零錢給你，就這樣。我總是特意說聲謝謝，但他們還是保持一貫的專業和鎮定，冷靜地專注於下一輛車。換句話說，我很少從他們身上得到任何回應，除了一個人以外。

我還記得第一次遇到他的情況。彷彿我一直住在燭光昏暗的世界，突然之間，他那閃亮到不行的笑容像枚照明彈一樣，照亮了我的世界。這位收費員從小小的窗口探出身子，給了我這輩子見過最大、最溫暖的微笑。那不僅僅是個微笑：那是第一天上班的喜悅、向大眾打招呼的期待、兩秒鐘的高品質互動。我還記得自己咧開嘴笑著回應他的感覺。「感謝老天，」我心想。「總算有個真人在工作。」

我現在才理解到，當時這種想法有多蠢，以及其他禪師般的收費員有多明智。他們找到了互動但不投入的中庸之道，也是建構自身經驗的倖存者。但這名快樂的男子奮不顧身地投入，他沒有哲學思想或正念練習能幫助他抵擋人們毫無反應的麻木攻擊，這些人像生產線上的零件一樣，連續數個小時不斷流經他身邊。

一、兩個月之後，我再次經過這名男子的收費站，他以最悲傷的表情和低垂的眼睛拿走我的錢，像是失了魂一樣，化成了灰燼和重度憂鬱症的殘骸。我再也沒見過他。

那個明亮的靈魂將他的光芒投射到了宇宙中，再也沒有回來。匆匆經過的通勤者可能不會考慮到他想要建立連結的明顯慾望。這是單方面的情誼，走向滅絕。

當我們做出友善的表示，對方卻無動於衷時，會帶來一種獨特的痛苦。科學家做過母親和寶寶之間的「面無表情」實驗，讓母親看著她們的寶寶，但在寶寶試圖互動時，不做任何表情。我不用告訴你寶寶有什麼反應；你知道看到別人板著面孔是什麼感覺，即使那是一張陌生人的臉，更別說是自己的母親了。當社會反應被抑制時，大部分的人，不管年紀多大，都會感到痛苦，而且根據研究顯示，社會支持的消失會使壓力荷爾蒙增加。

與他人的情感連結能透過鏡映（mirroring）彼此的臉部表情和肢體語言來建立。這些協調的鏡映會奇妙地達到同步，並非不可思議或偶然。它們以身體為基礎，對健康的蓬勃發展極為重要。大腦的鏡像神經元讓我們透過反射性地在自己的臉上模仿對方的表情，來理解另一個人的情緒狀態。這個過程完全是不由自主的，也是我們古老進化史的禮物。

因此，你相處的對象對你的心情和心理健康十分重要。我們會在情緒上影響彼此，因為身體總是在互相模仿。

如果你過去和脾氣暴躁、吹毛求疵、情緒不成熟的父母一起生活，那麼鏡映就是你自尊心低落的生物學原因。我們會忍不住去試探對方陰沉的表情和不滿的眼神。對方批評的態度不僅僅會被觀察到，還會在無數次的互動中，被下意識地模仿無數次。這就是我們將情緒不成熟的父母以及讓我們不開心的人最糟糕的部分內化的生理原因。我們在與他們的互動中，會不由自主、一遍又一遍地鏡映每一個下意識做出的微小表情。

那位收費員試圖在人們將漠視當作正常行為的情況下建立連結。他再怎麼溫暖，上班期間都不得不去鏡映那些毫無反應的表情，所以最後才會學會別過頭去。當初不管是誰雇用了這位超級友善的先生，都應該出於健康原因警告他：這份工作會破壞你的鏡像神經元。

下次你選擇新工作或新朋友時，一定要記住這一點。我們通常會避開很明顯的負面情況，但可能沒有意識到缺乏鏡映，會造成多大的傷害。如果你剛好很幸運是一個會投入情感的人，那麼對方冷漠的表情或毫不友善回應的態度，都會對你的心情和心理健康帶來糟糕的影響。

收費員先生，你應該有更好的去處，希望你能找到它。

32

人群裡的狼

他們讓你相信，你對他們很重要，但一旦你上鉤，就不是這麼一回事了。

「我們之間有狼」，小紅帽發覺了這件事。她母親派她到森林裡，送食物給年邁的祖母。一匹狼把小紅帽攔下，她天真地說出祖母的小屋在哪裡。狼便趕在她之前抵達了小屋。他把祖母整個人吞下，再假扮成祖母的樣子躺在床上，等著小紅帽出現。當她看見穿著祖母睡衣睡帽的狼時，開始猶豫，很驚訝祖母的眼睛、耳朵和牙齒是這個模樣。她遲疑不決的態度給了狼吃掉她的機會。不過，此時剛好有一名樵夫聽到了她的尖叫聲，跑過來幫忙。他把狼殺死，剖開狼的肚子，也救出了祖母。

這匹狼試圖以犧牲他人為代價來養活自己，耍花招來哄騙和迷惑受害者。（「我剛好也在森林裡旅行。」「我只是一個躺在床上的無助病人。」）狼的目標是吞噬小紅帽的生命以補充自己的能量。

人類之中也有狼，但和小紅帽一樣，我們不覺得他們危險，所以不會去保護自己。沒有人告訴我們，這種狼的破壞力有多大，我們只會傻傻地上當。人群裡的狼也會使用偽裝來達到目的，經常表現得讓你無法**拒絕**，就像無助的祖母。

這些狼不但情緒不成熟，還會扮成照顧你的朋友、值得尊重的父母，或生活悲慘的貧困受害者。不管他們戴上什麼假面具，訊息都一樣：你必須關心我。人群裡的狼總是提出相同的交易條件：你要毫不吝嗇地把精力和注意力放在我的需求上，而我會把自己放在第一位。人群裡的狼貪得無厭，總是在尋找下一餐，永遠不知滿足。

這些狼令人筋疲力盡，因為他們無法維持真正的關係連結。他們建立的關係稱不上互惠，即使一開始可能會對你表示關注和興趣來吸引你。他們看似能帶給你親密感和羈絆，但如果你試著敞開心胸並與他們分享真正的自我，只是徒勞無功。你最終會感到倉促，好像在談話中沒有什麼機會表達想法。他們會給你建議而非同理心，或是把話題轉移到自己身上。你沒有辦法與他們建立令人振奮、安慰或鼓舞的連結。人群裡的狼會小心翼翼地不露出本色。一開始，他們會利用社交誘惑，表現出令你著迷的模樣。「好大的眼睛！好大的耳朵！

這全都是為了要把注意力放在你身上呀，親愛的！」他們讓你相信，你對他們很重要，但一旦你上鉤，就不是這麼一回事了。當這些狼吞噬你的注意力之後，那些關注你的眼睛和耳朵便會變形和縮小。

這些鬼鬼祟祟的狼使用的祕密武器是文化規範，告訴你應該打從心底關懷擔任某個角色或身在某個處境下的某些人，他們會躲在「受害者」、「疾病」或「家庭關係」的樹後面，等著把你吞掉。他們看起來脆弱又匱乏，有權得到任何他們想要的東西。你的需求永遠比不上他們的需要。過不了多久，你會發現自己不斷在想著他們和他們的問題，還因為沒有給予他們更多的關注而感到內疚。你會開始害怕聽到他們的消息。

平心而論，我們必須了解，這些狼很有可能本身就是由狼養大的，因此才會有未滿足的巨大依賴需求。但不該是由你來滿足這些需求。不去在乎他們沒關係，斷絕來往也沒關係。我向你保證，他們會去找別人。他們讓你相信，你是他們獲得所需的唯一希望，但那只不過是披著睡衣睡帽的貪婪化身。

如果對方不是人群裡的狼，你會很期待花時間與他們相處。互動之後，你會感到快樂和滿足。最明顯的是，你下一次會很開心見到他們。

想想那一名樵夫。他是那一種會察覺他人需求並上前提供幫助的人，他感興趣也樂於保護他人，可以在一百公尺外發現一匹狼。他會為他人著想，並在必要時現身。

除了世界上這些善良的樵夫之外，你還有一個內心的樵夫，在你遇到麻煩的狼時，能趕來救援。它是你性格中堅強、自我珍惜和保護情感能量的那一部分，這個性格中自我保護的部分，一點也不在乎狼的感情是否受到傷害，或是在不被允許隨意吞噬他人時大發雷霆。你內心的樵夫會幫助你保持安全距離，因為他很清楚狼的本性。

別陷入狼的圈套，自己扮演起小紅帽。儘早有禮貌地抽身，才不會落得被活生生吞下肚的下場。

33

為什麼要原諒

也許我們當下就是無法在情感上控制自己去原諒與否，只能靜觀其變。

有個故事是這樣的：一名人類學家打算為他正在研究的部落語言編纂一本字典。當他編到「原諒」時，他問酋長部落裡用什麼字詞來表達。酋長一臉困惑，請他釐清意思，人類學家舉出一個原諒的例子來解釋，酋長恍然大悟說：「我知道了，我們用的詞是『反擊』。」

我很喜歡這個故事，因為它說出了「原諒」這個棘手議題的真相。你可能被教導，當個好人就是要原諒他人，但可能很難做到。你大可以去嘗試，不過你可能還是會感到憤怒和怨氣難消。如果對方看起來沒什麼歉意，那更是如此。

如果冒犯你的人了解你的難過，對自己的行為深感後悔，要原諒他比較容易。你或許永遠忘不了發生了什麼事，但如果對方認知到你的痛苦並承擔該負的責任，怨氣就不會那麼深。你也可能改變，隨著時間過去，以不同的角度看事情，並真正對他們產生同情心。在這種情況下，原諒代表你失去了反擊的衝動，因為你現在能看得更遠，了解凡是人都會犯錯。

但如果別人傷害了你，又拒絕負責任，該怎麼辦？你還是要試著原諒他們嗎？這是一個常見的困境，情緒不成熟的人傷害了你之後不會認錯，也不會展現同理心。他們的心理成熟度不足以讓他們自省，或是了解到道歉和賠罪的必要性。他們有時甚至會反擊，把錯怪到**你**頭上，搞得好像是你咎由自取。這樣你還要原諒對方嗎？我認為這樣太為難你自己了。就算做不到也不該感到難受。

許多人會把「原諒」和「當個好人」畫上等號。那做不到的人怎麼辦？你要否定自己真實的感受，假裝沒什麼大不了？不，但或許你可以保留所有感受，而不是陷入無止盡的憤怒中。

有些人會爭辯說，原諒是為了自己，而不是別人。但這叫原諒，還是放下難以釋懷的憤怒？我認為即使你做不到原諒，透過建設性的方式放下憤怒和報復心是有可能的。也許你之後會在最意想不到的時刻原諒對方；也許我們當下就是無法在情感上控制自己去原諒與否，只能靜觀其變。

此外，與其把原諒當成一個目標，不如從經驗中汲取教訓。你可以藉此機會思考你真正想要什麼樣的生活，別再浪費時間在什麼樣的人身上，以及如何應對以避免類似的威脅在未來發生。好好利用這個經驗，有一天你可能會把它當成人生的一個轉折點，使你變得更強大或更明智。

以這種方式思考能讓你不再執著於他人有害的行為。與其用酋長的解決方案「反擊」，不如試試原諒或報復以外的新作法——「繼續過活」。你不必因為無法原諒他們就被過去綁住，而是要盡可能地從經驗中學習。接受這個幫助你提高意識的殘酷課題，如此一來，你能把這些侵略者轉化成讓你變得更成熟的催化劑。他們以背叛或傷害的形式，變相幫助你開始活得更像自己。你可能會透過你對他們的憤怒和不認同來找到最真實的自我價值，認清你絕對不想變成什麼樣的人。你可以自己決定讓他們惡劣的行為為你展示一條更好的道路，而不是害你被拖垮。卡在原諒這一關可能會阻礙這個過程。

當你有機會當個真誠的人時，別滿足於看起來像個好人。

34

別怪我父母

檢視你的過去可以讓你擺脫既定的未來。

在療程中，我們遲早會談到父母。沒有人喜歡談這個話題：有些人認為沒必要，有些人則是避之唯恐不及。在我的經驗中，就算聽到以下說法也不稀奇：「我不想要回過頭去談那些事。我只想要往前看。」一老天，我真同情他們。哪個正常人會寧願挖掘痛苦的過去，而不去思考全新的未來？

這很令人討厭，但我們總要有個起頭，我的意思是，了解人們早年發生了什麼事、父母是什麼樣子、在成長的過程中如何看待自己在家庭裡的角色，而這只是一個開始。兄弟姊妹和學校教育是什麼情形？難忘的重要事件又是什麼？我們過往的經歷是今日生活樣貌的根源寶庫。

大部分的人都不希望回顧過去，因為害怕感到內疚、憤怒或自卑。他們討厭承擔所有的責任，但也不想因為指責父母而產生罪惡感。有些人會講述被父母在情感（或身體上）傷害的痛苦故事，然後很快地說：「但我不想怪我父母。」這種情形並不罕見。

這種不願責備的心態是可以理解的，尤其是大部分的人都會認為他們應該把童年拋諸腦後，專注於改善自己的未來。因此，我們迴避去玩推卸責任的把戲，但檢視你的過去，可以讓你擺脫既定的未來。

只有在心理治療的世界中，**倒退**是前進最快的方式。童年時期的互動模式會主導我們對自己的認知，並帶給我們深刻而且經常是下意識的特定期望去看待人生。十有八九，我們現在對人生有何感受，主要都是受爸媽影響。然而，許多人不願意去探索這個想法，認為這麼做就是在責怪父母。

但你可以換個角度去看，讓你在檢視父母的角色時不會那麼內疚。良好治療的目標不是推卸責任，然後就此打住。我們追求的不是指責，而是**真相**。任何相信「真相會讓你自由」的人，想必也會贊成一、兩次有成效的治療。這裡的目標是把你和你的父母都看做是容易犯錯的凡人，雙方都擁有一堆心理傷害，足夠擊沉一艘戰艦。

我不是要你去貶低父母，而是接受他們能力有限的事實，接著你便能看清重點：他們的缺陷如何影響你對自己和世界的看法。

父母和嬰兒沒兩樣，會用令人擔憂的行為來表現沮喪，讓我們變得跟他們一樣心煩。但無論是嬰兒還是父母，都不是惡意要讓別人的生活變得悲慘，只是在用他們**唯一知道**的方法表達痛苦。我們在療程中回頭看父母的行為，等於是在破解一種密碼，我們試著從他們對待的方式，搞清楚他們陷入了哪些心理問題。

當一個人看清父母更深層的動機及未解決的問題時，就會恍然大悟。突然之間，他們能夠以新的眼光看待多年來與父母的互動。不知不覺一代代相傳的痛苦現在有了名字，原本看似毫無意義的痛苦現在找到了原因。我們會受傷不是因為我們是壞人，或者我們的父母是壞人。這種情況會發生，是因為前幾代的人缺乏一門科學來減輕情緒痛苦被忽略的代價。

透過心理治療的過程，我們終於有機會理解並說出家庭一代代承受痛苦的原因。這樣叫做責怪父母嗎？不盡然，這比較像是我們在「表達」父母，藉由自我了解來翻譯他們無以名狀的需求。我們要抓住機會釐清彼此的關係，如此一來，就不必將說不出來的痛苦傳給下一代的孩子。我們的父母在他們的人生和年代中可能做不到這一點，他們唯一的選擇就是默默地把痛苦傳下去，希望以後有人可以破解。
或許你就是那一個破解家庭密碼的人。

35

見見你的製造者

堅強又有韌性的靈魂，經常是在與親人的殘酷衝突中被打造出來的。

家庭是原石，我們在此被雕塑出來。米開朗基羅說，他創作《大衛像》（*David*）這尊傑作的祕訣，只不過是把**不屬於**大衛的部分去掉。大衛的美一直都在石頭裡，但必須靠米開朗基羅的鑿子才能呈現出來。

我們起初也是原料，個體性還沒有形成。接下來，隨著我們與家庭成員互動，鑿子開始雕刻，多餘的部分逐漸脫落。我們從家庭關係的原始模型中浮現，真正的自我開始顯露出線條和稜角。在很大的程度上，我們透過艱難、壓抑的互動來探索自己。

或許我們已經在原生家庭以外的地方重塑了自己，但回家讓我們回到還沒有選擇自由的最初狀態。回家探望親人可以提醒我們，那些起點曾經帶來多大的挑戰。但如果我們一路走來都沒有反抗和怨恨過任何人，還有可能發現自己真正的個體性嗎？我們往往希望過去能得到更多的照顧，但堅強又有韌性的靈魂，經常是在與親人的殘酷衝突中被打造出來的。

當我們回到原生家庭——就算是情緒不成熟的家庭，也等於是回到雕塑家的工作室。這裡是我們成形的地方。童年的所有苦難都是大理石被劈開並露出粗糙形狀的過程，而童年的快樂則是我們被用心打磨成獨特人格的經驗。如果沒有被大量擊打、千錘百鍊的壓力，我們不可能成為今天的我們。如果我們夠幸運，等到離家開始過自己的生活時，已經可以像大衛一樣堅實，有創意的雕工讓我們變得強韌，準備好打敗巨人歌利亞[1]。

回到原生家庭可能令人備感壓力，因為我們會想起成長過程中的掙扎。如果家人之間沒有分歧，就像敲擊大理石的鐵鎚，我們搞不好離不開家庭而無法擁有自己的生活。你可能認識這樣的人：石頭保持原樣，仍是未成形和未打造的狀態——他們與父母沒有足夠的摩擦來成為真正的個體。

但原生家庭的傳統也讓我們感到安心。無論我們在人生中獲得多大成就，有些事情保持不變是好的。不管好或壞，熟悉感會帶來一定程度的安慰。回到原生家庭就像回到源頭，回到我們被挖掘的採石場。

也許再次住在家裡會令人抓狂，但重新回歸家庭的感覺，可以讓我們內心的小孩鬆一口氣。回到大理石山，再次成為整體的一部分，不再是分開或特別的個體。某一部分早期的自我，會樂於接受這種模糊獨立個體界線的吞噬。回到原生家庭帶給我們的感覺，好比在長期抵抗重力之後，屈服於重力的舒服感，就像站累了的嬰兒一屁股坐在地上一樣滿足。

在成年生活中，長期推著自己前進之後，家庭聚會感覺像是一個讓情緒倒退的機會。我們應該樂見這個過程。在家裡，我們不必永無止盡地驅策自己有所作為，並為失敗負責任，我們可以放手，把挫折歸咎於家人。在自食其力了這麼久之後，這是一種美妙的放縱。我們可以回家，再次像孩子一樣在內心做出反應。在原生家庭中，我們從成年人的角色中被解放出來，得以體驗當初激發自我創造慾望的舊怨和傷痛。

那麼，當我們回到雕刻出我們的家庭工作坊時，應該要有什麼反應？

想像一下大衛和米開朗基羅怎麼處理這件事。我很好奇，當大衛被完成並帶到世人面前

……

1 出自《聖經》中大衛戰勝巨人歌利亞的故事。

時，他會和米開朗基羅說什麼。他會不會對他的創造者說：「有必要讓我這麼痛苦嗎？」或是「一定有別的方法可以讓我脫離那塊石頭，而不需要這麼多的衝突和打擊？」

又或者他會放下這一切，站在那裡因為所有的擊打而熠熠生輝。他承受住製造者落下的錘子，磨練成美麗的傑作。也許他只會說：「謝謝。光是來到這裡就值得了。」

7

被好好對待的感受

在他人情緒不成熟的陰影下長大令你沮喪又痛苦。因此，當出現為你帶來快樂的人，讓你覺得什麼都對了，你可能會特別感激。在他們身邊，你可以很自然地做自己。思緒澄澈、內心溫暖，最好的一面也被引發出來。

你變得更像你自己，同時也成為更好的自己。

36 羅傑斯先生喜歡你

羅傑斯先生提醒我們，內在世界和外在世界發生的事一樣重要。

謝天謝地有弗雷德．羅傑斯（Fred Rogers）[2]。羅傑斯先生一直關注真實的感受，從未忽略每一個人心中那個四歲孩子。

羅傑斯先生讓我們相信，我們的內心對他來說**已經**足夠了。光是深吸一口氣，你就是特別又可愛的人。事實上，你是如此特別，他想知道你「會不會、能不能成為我的鄰居」，因為他「一直希望和你住在同一個街區」。聽聽這些歌詞，這是一首由知道什麼是愛的人所唱的情歌。

羅傑斯先生，和你情緒不成熟的父母、和許多你認識的人不一樣，因為他歡迎**所有**部分的你來到他的街區。他表示那裡隨時都有空間容納你、你的憤怒和你受傷的情感。他有一首小小歌曲問道：「當你感覺糟糕到想要咬人的時候，你會怎麼做？」上一次有人對你表現出這種關心是什麼時候？尤其是當你生氣和受傷時。羅傑斯先生提醒我們，內在世界和外在世界發生的事一**樣**重要。

羅傑斯先生是一名存在主義者，支持每個人存在的權利。他教導我們，存在**就是**你的意義。你不必刻意去證明、達成某件事或讓身邊的人驚嘆才值得被愛。你要做的就是活著。觀眾從他的話語中知道，他已經把這個道理想得十分透徹。他不是那種輕浮或膚淺的人，不，他的所作所為都有充分的理由。羅傑斯先生知道，一旦你是個需要愛和安全感的四歲孩子，在某種程度上，你一**直**都會是一個需要愛和安全感的四歲孩子。

最好的關係，如果你仔細想想，都有羅傑斯先生的存在主義印記。你所能得到最棒的禮

⋯

2 弗雷德・羅傑斯（Fred Rogers，一九二八年－二〇〇三年），又稱羅傑斯先生（Mister Rogers），是美國電視節目主持人、作家、製片人和長老宗牧師。他最為人所知的身分是兒童電視節目《羅傑斯先生的鄰居》（*Mister Rogers' Neighborhood*）的創作者和節目主持人。這個播出長達三十三年的兒童節目，長期關注孩子的心理、情感、道德倫理及推理意識。

物，就是知道世界上有人珍惜你的存在。我們都需要身邊有人認為我們的存在令人愉快。這種愛不把你當成一個角色或一個功能，而是一個迷人的重要存在，為了享受人生，也為了讓他人享受你的陪伴。羅傑斯先生完全了解這一點。

羅傑斯先生的節目到現在還是令我們著迷，即使我們大腦中對行動上癮的突觸受不了他不慌不忙的步調而想要尖叫。但只要你聽他說話幾分鐘，大腦深層的情緒中心就會開始一圈圈地放鬆。「啊……羅傑斯先生說，你只要存在就好了。」不管你有什麼成就，你都是特別的。他說即使你在糟糕或生氣的狀態下，也值得別人關心。他告訴你，你所有的感受都有充分的理由，而且他知道你有多努力。他對你沒有過高的要求，也不會吹毛求疵。他喜歡你原本的樣子，不管你是四歲還是四十歲。

我們或許不再是四歲，但情緒需求卻是完全一樣的。我們希望進入一個房間時，有人會開心起來，離開時則不想被忘記；我們希望做壞事時能被原諒，希望有人能把我們放在第一位；我們希望受傷時有人會感到難過，而不僅僅是講道理；在我們害怕並需要談談時，希望有人能把注意力放在我們身上；我們希望有人可以全心為我們的安全和幸福著想，最重要的是，我們希望對他人有影響力，讓他們正視我們的存在，並盡可能真實地對待我們。

也許這就是弗雷德・羅傑斯想告訴我們的總結：認真對待彼此活躍的內心。這就是即使我們感覺糟糕到想要咬人，卻仍可以繼續相愛的方式。

37

達賴喇嘛希望你快樂

心理學和達賴喇嘛都說，快樂是由心態決定的。

有一次，我有幸能夠去聽達賴喇嘛（Dalai Lama）講課，這位藏傳佛教的精神領袖在美利堅大學（American University）的演講座無虛席。我一進入會場尋找看臺上的座位時，為達賴喇嘛設置的舞臺背景讓我停下了腳步。那是一張華麗又巨大的絲綢掛布，大約有三層樓高，寬度幾乎也是，上面畫著一尊金黃色的大佛，佈滿了蓮花和色彩豐富的精細圖案。

這幅巨畫的正下方就是達賴喇嘛的寶座，坐落在鋪了厚地毯的加高講臺上，下層左右側滿滿都是盤腿而坐的佛教僧尼，他們栗色和番紅花色的長袍為現場增添了繽紛的莊嚴感。

當達賴喇嘛從會場右側走上臺時，你可以感覺到觀眾全都安靜下來。他戴著招牌角框眼鏡，微微彎下腰，裸露的右臂從長袍中伸出來觸碰人群和打招呼。從他一路上停下來的動作可以清楚地看出，他將每個人都視為單一的目的地。他沒有大步走向舞臺，也沒有向黑壓壓的群眾大力揮手，只有一個又一個的個別接觸。

上臺後，他以同樣的方式向所有僧尼致意，並向每個方向的觀眾鞠躬獻上祝福，他微笑的樣子似乎是對每個人微笑，接著在佛像面前頂禮數次。在助手細心地協助下，他最後坐上椅子，脫掉鞋子，調整成舒服的盤腿姿勢。經過一小段開場白後，他和觀眾和藹可親地聊天，中間還大聲地打了噴嚏打斷自己，說當觀眾昏昏欲睡時，這招很有用。他壓抑不住的笑聲令人愉悅。

雖然我對達賴喇嘛要弘揚的佛法很感興趣，但沒想到他的哲學如此貼近心理學。事實上，我沒有獲得精神上的啟迪，而是瘋狂地為臨床診療做筆記。看來達賴喇嘛和我在某些方面算是同行。

佛教在臨床心理學有幾千年的歷史，但有些教條非常現代，很容易成為新的正向心理學，足以席捲心理治療和神經科學領域。在基督教之前的幾個世紀以來，佛教提倡一種觀念，那就是思想構成了情感現實，我們大部分的苦難來自於對痛苦信念的執著，使自己筋疲力盡並受到傷害。根據佛教的說法，為了擺脫不必要的痛苦，我們必須檢視僵化的信念，並為自己和他人尋求慈悲心。

我同意我們受苦並不是因為我們是壞人，而是因為受到迷惑。在「我執」的暴政下，我們認為自己的價值存在於物質和社會地位，沉迷於極端和嚴厲的批判，錯誤地認為我們的苦難源於外在世界，沒有意識到許多傷害是自己的思想造成的。現代心理學也警告我們不要出現同樣的錯覺。

或許達賴喇嘛最根本的想法，可以在他的著作《快樂：達賴喇嘛的人生智慧》（*The Art of Happiness*）中找到。這本書第一行即開宗明義地說，人生的目的就是要追求快樂。他解釋，對自我知識的科學投入，是追求快樂最大的助力。我們每個人都有責任探究自己的思想對生活的平衡有什麼影響，訣竅是一步步消除讓我們不開心的要素，同時刻意培養能夠滋養我們的要素。

心理學和達賴喇嘛都說，快樂是由心態決定的，而改變心態最好的方式就是透過學習。藉由教育自己我們的思想如何運作，就能阻止想法讓我們陷入恐懼和不快樂。現代心理治療的作用完全相同，教人如何監測自己的想法和信念，更有意識地去引導情緒和觀點。藏傳佛教和認知治療都挑戰扭曲的思維和極端的信念，尤其是那些讓我們感到不夠格或不值得的非黑即白想法。

那天，達賴喇嘛在寶座上的弘法接近尾聲時，他戴上一頂相配的栗色遮陽帽，幫眼睛擋住明亮的燈光。大家看到尊者看起來像是要去看棒球賽的樣子，都爆出笑聲，他也笑了，說：「我不在乎。很實用！」

簡而言之，達賴喇嘛對人生的建議是：利用能讓你好過一些的東西，別被外表阻礙。佛陀一定也會贊同。

38

我從牙醫學到的事

我能夠繼續當個人；不必變成病人。

我的牙醫快退休了，我正試著想辦法要挽留他。我會想念治療牙齒的日子嗎？我喜歡鑽頭的嘰嘰聲嗎？差得可遠了。我小時候的牙醫沒上麻藥就幫我補蛀牙，所以我會害怕牙醫也很正常。

但多年前，我找到了我的牙醫朱爾斯，才開始產生信任感。他最近在幫我對付一顆頑固的牙齒時，因為把我的頭緊緊夾在腋下而道歉。他解釋道：「我只是想要把你的頭固定住。」我無法回應，因為我的嘴巴就像打開的行李箱一樣，裝了一大堆工具，但我很想告訴他，這種強力的壓制莫名地為我帶來安全感，就像牙科版的救援抱法。我不會感到被束縛，我覺得很安全。

朱爾斯最厲害的地方是他的巧手，但他很有一套與人相處的方法。要獲得長期的成功，光是懂自己本行的東西是不夠的——你還要知道你身在這個行業對他人有什麼影響。

朱爾斯很擅長與人建立連結，既敏感又會領導。他會像完美的紳士一樣跟我說笑，但一旦他開始檢查我的牙齒，我可以完全放心地把自己交給他。情感連結帶來信任。我不只是他的病人——我覺得自己就像他的自主研究。

任何人如果要去見一名專家，通常都會感到緊張和居於下風。此刻正是專業人士善用權力的最佳時機，他們可以端出專家無所不知的架子，也許就像情緒不成熟的父母。但很多時候，專業人士和父母都會把焦點放在問題而非人身上。朱爾斯讓我了解到，任何人（包括牙醫），都可以成為人性專家。

舉例來說，有一次朱爾斯去度假，我必須找另一名牙醫看牙齒。我在描述問題時，對方的眼睛亮了起來，我就知道大事不妙。「噢……這不好處理！」她做出討人厭的反應。她的語氣透露出明顯的津津有味，令人擔憂，於是我決定等朱爾斯回來。

在開始治療**之前**就把病人嚇壞，朱爾斯絕對不會犯這種新手才會犯的錯誤。他有一大堆花招（高EQ回應）用來讓病人覺得充滿希望，並接受接下來會發生的事。以下的對話我會推薦給所有醫療專業人士。

朱爾斯會讚美病人的優點：「親愛的，你一口牙齒真漂亮！」他會用珠寶商欣賞寶石的口吻說，「真希望每個人都能像你一樣，把牙齒照顧得這麼好。」他在檢查我的牙齒時，也喜歡喃喃自語：「完美……太完美了！」當你感到驕傲時，很難去害怕。他尋找問題，但讚揚優點。

朱爾斯不會隨便用意象去嚇唬病人。他很注意自己的用詞，絕對不會用「有蛀牙的可能性」這種可怕的隱喻，一名白目的衛生師曾經這麼對我說。朱爾斯只會針對狀況去評估，告訴你該做什麼，讓事情聽起來就像簡單的居家維護：「我們把它清乾淨、補起來就好，可以用很多年都不需要擔心。」

在檢查口腔時，朱爾斯說過最糟糕的話是：「你現在可以對我吐舌頭了。」仔細想想，這個指令帶給人很大的權力。不管怎麼樣，他都絕對不會像另一個牙醫一樣，提到恐怖的疾病：「我來看看你有沒有口腔癌。」（哇……你讓我感覺更糟了，醫生！）

朱爾斯會把針藏起來。我過去都以為他把麻醉針收在左邊的腋下。閉上眼睛之前，我會瞥到他把手伸到身體左側和手臂之間。（目光就停在這裡。）後來我問他的助理，他都把針收在哪，她回答：「噢，我站在他身後，他把手往後伸，我就把針遞給他。」這是同理心的化身，行動中的仁慈，以及實踐中的智慧。拜託你們，別揮舞嚇人的工具。

朱爾斯給我「一下就好了」的希望。他不喜歡拖泥帶水，只會簡潔地告知過程中的每一個步驟：「現在我們要……。」過沒多久會說：「快好了……剩下一點點……你很快就能離開……很好！太棒了！」最後花的時間可能比他說的長，但在多數時候，他讓我相信，我快要可以重獲自由。

朱爾斯的態度，總是讓我覺得他關心的不只是我的牙齒狀態。他會問起我的家人並分享故事，他先把我當成一個人，再來處理我的牙齒。我能夠繼續當個**人**，而不必變成**病人**。被當成一個人時，我堅強多了；被當成一個病人時，我虛弱多了。我認識這名牙醫這麼多年，走進他的診所時是人，待在裡面時也是人。當然，每次離開我都如釋重負，但更慶幸的是他讓整個過程輕鬆愉快。

我可以肯定的說，大部分強調自己有多專業的專業人士只是想帶來信心，但相信我，當一個人進入檢查室時，已經能夠察覺對方的專業度。在那一刻，他需要的是冷靜下來，而不是收到更多下馬威。

很快地，醫療專業人員除了解剖學和醫療倫理之外，還必須學會這些人際相處之道，而任何有關身心連結的技巧都對他們的客戶有好處。在那之前，大家都可以多多運用我這位好牙醫的風格並青出於藍。如果每個人都能這樣被對待，會是什麼感覺？

完美的世界。

39

尋找對的精神導師

有智慧又值得信賴的引導者會促使你發展自己的潛能，而不是期待你崇拜他。

一名求道者聽說在世界遙遠的那一端有個大師，他掌握了人生意義的祕密。雖然這位賢者住在偏遠高山上的洞穴，求道者還是不惜一切代價出發尋找他。歷經數年難以想像的艱辛，被許多錯誤的線索誤導，求道者終於找到並爬上了險峻的山崖，抵達大師的洞穴。筋疲力盡的求道者爬到盤腿坐在一塊巨石上的大師面前。

他氣喘吁吁地說：「噢，大師，求求你告訴我，人生的祕密是什麼？」大師低頭對著求道者微笑，過了好一陣子才回答：「人生就像噴泉。」求道者難以置信地眨了眨眼，問道：「人生就像噴泉？」

大師猶豫了。然後緩緩地說：「你的意思是，人生**不**像噴泉嗎？」

這個故事告訴我們什麼？永遠別害怕質疑你的精神偶像。大家天生都傾向於尋找一個理想化的人，把對方視為優越的存在。我們經常把一些突出的特質投射到別人身上，因為我們不相信自己那麼有智慧。我們不去滋養自己的成長，而是很自然地把希望寄託在理想化的大師身上。很多時候，我們會被自詡為明星、需要被仰慕的人迷惑，而不去聽從有道德、會教我們如何發展自己的引導者。

許多人這麼做是因為在長大的過程中，我們被要求無論如何都要服從權威和資歷，每當權威（尤其是情緒不成熟的父母）說出有問題的看法時，我們都會壓制自己的懷疑。我們理所當然地認為，專家一定懂得最多，尤其是在精神領域。把自己交給那些不會自我懷疑、對自己的信念無比堅定的人，令人感到安心。但你必須小心，有的人是把自己看得比其他人都還要重要的自戀者。

一個不變的真理：有智慧又值得信賴的引導者會促使你發展自己的潛能，而不是期待你崇拜他。他們會教育並鼓勵你，而不是把你收編成小弟。有智慧的引導者樂於解釋道理並回答棘手的問題，因為這讓他們有機會更深入地思考自身的信念。如果你感到困惑，他們會繼續想辦法，讓道理更加顯而易見，不會含糊其辭或故弄玄虛。一旦你付了錢，他們不會模糊焦點或給予虛假承諾來敷衍你，而不揭露真相。

相比之下，自吹自擂的靈性導師會因為回答不了你的問題而讓你難堪。他們認為自己的陳腔濫調應該無懈可擊，而且不會受到質疑，甚至連注意到他們名不符實都會讓你覺得自己缺乏尊重。

然而，感到敬畏和感到困惑之間是有區別的。我們都有一個小小的「敬畏中心」，可以辨別他人是否具有真正的智慧和令人欽佩的品格。我們會自然而然地去信任他們，並感覺到他們不會輕視我們的無知。但自戀型的靈性導師會引發困惑和要求絕對的服從，他們的力量來自於讓你放棄懷疑，並相信他們知道的比你更多。他們會暗示你，要是你用世俗的道德和公正標準去看待他們，代表你心胸狹窄。

不值得信任的導師還會言行不一，行為和信念兜不起來。衝動行事後，他們既不會自我反思，也沒有自我意識，因此渾然不覺自己說一套、做一套，從來不會注意到這樣有多不合邏輯。他們就像莫比烏斯環（Möbius strips），呈現出奇特的錯視效果，當你的視線順著圖片的線條走時，它會突然消失，變成別的東西。

當你找到真正值得信賴的人生導師時，你可能無法理解他們所說的一切，但你的內心深處會感到安心和受到照顧，即使用言語無法表達。你的問題不但會被接受，還會被鼓勵和欣賞。

現在讓我們回到原本的故事。那位大師謙虛地質疑自己的啟示，令人佩服。但如果求道者只是盲目地崇拜，把「人生就像噴泉」的智慧傳遞下去呢？如果求道者壓下自己的懷疑，告訴後來的追隨者，要真正覺察這個偉大的道理，必須花上多年進行冥想、祈禱和捐獻，又會是如何？幸好，這位求道者做出了誠實的反應，出聲質疑大師是否知道自己在說什麼。請記住，當你向對方提出質疑時，讓你覺得你有問題的人只想要你的個人崇拜，而不會告訴你通往真理的途徑。

40

寵物給我們的愛

我們從頭到尾都是為了無條件的愛而生。

真感謝有寵物。由於我們無法讓每個家庭都有心理治療師，因此來自動物王國的珍貴朋友便負起了雙重責任，幫助我們保持理智。實際上，動物比臨床醫生更能治癒人心。除非治療師學會在客戶到來時高興地跳起來，同時對他們的存在表達無限的崇拜，否則只能排在寵物之後。

許多研究指出，與友善的動物互動能為身心帶來正面的影響。如果寵物可以降低病榻上患者的血壓，想像一下，牠們在每一天結束時能為你帶來多大的好處。這些生物為什麼能讓我們有如此深刻的反應？

答案在於牠們的大腦。馴化的哺乳動物寵物幾乎把全部的神經元能量都耗在大腦的情感連結中心上。從神經學的角度來看，牠們是小小的愛情機器——事實上，牠們是**無條件**的愛情機器。

所有哺乳動物的大腦都是由三個主要部分所組成，每個部分在神經學上都截然不同。新皮質（neocortex）是圍繞情緒中心的思考部分，而情緒中心又是我們生存本能的源頭。大腦的思考部分在貓身上不會被多加利用，在狗身上只稍微發達一點，牠們不太需要花腦筋找食物和養家。但與其他哺乳動物相比，人類已經把大部分的基因遺傳集中在巨大的新皮質上，而且成果絕佳。人類思維的運作已經完善到足以掌管世界。

不過，當你度過漫長的一天回到家時，或是你的伴侶、青少年或兩歲的孩子跟你作對時，誰還需要世界？這一刻我們不在乎世界，只想要毛茸茸的觸感和暖洋洋的愛意。我們渴望一個富有同情心的摟抱。

精神科醫師湯瑪斯．路易斯（Thomas Lewis）、法里．阿明尼（Fari Amini）和理察．藍儂（Richard Lannon）合著的書《愛在大腦深處》（*A General Theory of Love*）中，說明了為什麼會是如此，它回顧了依附和情感連結的研究，強調與其他哺乳動物建立情感羈絆對身心的重要性。如果這些善於接納的哺乳動物剛好是你生活中的人類那更好，但一隻狗也就夠了。

他們的理論（有該領域大量研究的支持）認為，哺乳動物大腦的情感部分很奇妙地會產生共鳴，這就是為什麼我們可以很容易地感覺到另一個人的心情。感染到親人的壞情緒或群眾狂熱都是絕佳的例子，你的情緒系統快速、直接地與其他哺乳動物的大腦溝通，就像瞬間調到同一個廣播電臺一樣。

這種自然的共鳴，大腦之間的相互呼應，讓我們能夠協調一致。我們需要這種大腦的和諧來調節情緒和身體健康。打個比方說，當一個情緒腦發現另一個情緒腦願意舔它的臉時，整個有機體都會感到穩定和鎮靜。我們比較不會感到迷失困惑。抗壓性變高，思緒更加清晰，免疫功能也增強。嬰兒尤其需要依靠媽媽的關注來穩定身心，這種專注的調和對人類嬰兒的成長茁壯甚至生存都極為重要。我們從頭到尾都是為了無條件的愛而生。

許多不快樂的童年和婚姻都有一個共同點，那就是在重要的時刻達不到情感上的**共鳴**。舉例而言，當我們渴望情感連結和全心全意的關注時，對方的思考腦卻做不到。事實上，如果有人以**思考**反應（像是給予建議或解方）來回應我們的**情感**連結需求，我們會覺得被忽視和輕視。你的寵物絕對不會犯這麼嚴重的社交錯誤。

寵物的愛陪伴了許多人度過靈魂的黑夜。當寵物離世時，牠們也帶走了我們一部分的心。對我們大腦中愛的部分來說，生命就是生命，不分人還是動物，這是最重要的。人和寵物之間的連結是我們少數依然保有的無條件的愛，它是不求回報的母愛中最精華的那部分。

8

情緒成熟的教養

輪到你為人父母時，有時你會嘗試新的做法，有時也會重蹈爸媽覆轍。但你的首要目標是幫助孩子成長為堅強、能幹和真實的人，而且有能力讓人際關係變得有意義。你自己的情緒成熟度將有助於你給予孩子需要的東西：看見真正的結構和本質、被圓融地對待，以及最後放手的祝福。

與其苦苦對抗孩子的發展階段（或是你身為父母的發展階段），不如利用自然變化的浪潮，進一步游向真正的自我。

41

關於孩子的真相

孩子和我們一樣充滿人性。

關於孩子的真相是：他們來到世上是為了滿足他們而不是我們的需求。有些父母不明白這個道理，認為孩子應該要願意違背自身利益行事，放棄自己最想要的東西，並做到任何父母要求的事。對被情緒不成熟的父母養大的孩子來說，這可能是他們最熟悉的模式。當孩子拒絕或繞開規則時，這樣的父母會覺得被背叛，孩子不聽話就是孩子不愛他們。但這不是愛不愛的問題，而是權力差異，居下位的人會陽奉陰違。孩子就和我們一樣充滿人性。

孩子會考驗你想要當好人的決心，他們會踩你的地雷，極度以自我為中心，讓你倒抽一口氣。自私行為的高峰在六歲、十三歲和大學新鮮人的身上特別明顯。有時他們似乎期望得到你的全力支持，同時又要你假裝自己不存在，這對父母來說可能很難接受。

曾被自己情緒不成熟的上一代過度控制的父母，可能會把孩子測試極限的正常行為，視為不尊重甚至藐視的態度。他們沒有去理解孩子很自然地就是會嘗試得到自己想要的東西，而是認定孩子在反抗權威。

但沒有健康的孩子會想要推翻父母，否則他要何去何從？孩子只是正常人，有健康的自我利益，而且他們絕對不會不抗議就接受約束或挫折。你可以學著把這些行為看作是可以理解的反應，而不是對權威的挑戰。

父母總是比孩子更有戰略優勢。孩子其實沒有那麼複雜，他們不懂什麼叫做長遠的打算，反應非常容易預測。他們有簡單的按鈕，你可以按下去並為所欲為，但必須聰明、有效地去使用。好的教養書可以教你一大堆方法，讓你激發孩子的簡單動機，並最終取得他們的合作。我說「最終」是因為成功的育兒並非一蹴可幾——一切都是重複、重複、再重複。

如果父母期望孩子能有成人的推理技巧和挫折容忍力，只會導致孩子發怒或退縮，而非聽話。當父母試圖強迫孩子立即配合時，不管是透過要脅還是罪惡感，通常反而會收到反效果。更糟的是，有時孩子不會明著反擊，而是採取被動攻擊的冷處理，讓父母一點辦法也沒有。

孩子要的並不多，他們希望父母能對自己像對待其他成人一樣予以尊重；他們不需要同樣的權利或許可，但需要被用心對待。如此一來，他們「最終」（又是這個詞）會成為好的大人，偶爾能體會你的用心。但身為父母的你，必須準備好等待很長的一段時間，才能在他們身上看到一些良好判斷力和責任感的跡象。殘酷的事實是，孩子只需要你給予超凡、無條件的愛，而且不必確認或驗證。在逐漸成熟和培養責任感的過程中，他們需要你保持耐心，並容忍他們令人吃驚的錯誤和自私行為。

作為回報，孩子也會為你做重要的事：讓你重溫過去。也許他們進入你的生活，是為了挑起你童年的過往議題，可能是情緒不成熟的父母，再做最後一次的回顧。關於孩子的真相是：他們會把你的**童年**帶回來。當他們按下你的按鈕時，總是在重播。孩子露骨的自我中心，會觸發你在人生中感到被貶低或不尊重的時刻。他們給你一個機會好好處理和消化內心老舊的傷痛，讓它成為過去的一部分，而不是現在進行式。或許，孩子按下那些按鈕一直都是正確的，你會因此而成長。

42

教養的最高機密

和所有人一樣，孩子也渴望被尊重。

教養的最高機密是孩子會去回應和大人一**樣**的對待方式。對待小孩和對待大人並沒有不一樣的標準，差不多都是同一套規則。不管是什麼年紀的人，都希望能夠被當成有智慧、有知覺的人，而非下屬來對待。

孩子很喜歡被父母認真看待，並把他們當作有自己品味的真實個體。和所有人一樣，孩子也渴望被尊重，他們想知道做每件事情的原因，被要求絕對服從時，則會猶豫不決。

成年人的反應完全相同。想想你曾經有過的好老闆和壞老闆。如果老闆嚴厲又自戀，只會頤指氣使卻不解釋決策的原因，沒有人會喜歡為他工作；但懂得尊重員工的老闆長期下來會獲得感激和愛戴。接下來，當好老闆需要員工多盡一份力時，員工會願意赴湯蹈火，因為他們受到很好的對待。

好老闆和好父母用相同的做法，可以得到相同的成果：他們的員工和孩子喜歡待在他們身邊。當別人想跟你保持距離時，你很難對他們產生真正的影響力。父母發飆怒罵時，孩子不會把話聽進去，只會一心想著要怎麼逃離不愉快的情況——你自己可能也有這樣的童年經驗。相反地，被耐心和理性地對待是一種正面經驗，如果大人不是用打擊孩子尊嚴的方式，他們通常會很願意被糾正。

有些父母——特別是情緒不成熟的父母，只對成年人有禮貌。我們絕對不會用對待孩子的高壓方式來控制朋友；我們不會威脅朋友要遵守我們的規定，也不會在不問他們是否準備好的情況下，就宣布現在大家都要離開了；我們不會不斷提醒朋友，他們哪裡做得不對，也不會因為朋友沒照我們的話去做，就保留不給出自己的愛。我們不會做這些事的一部分原因，是我們知道這樣對待朋友，會讓他們離我們遠去。

許多父母不是以鼓勵合作的方式與孩子交談（好老闆的作法），而是直接下令。即使沒必要，動不動就把處罰他們的威脅掛在嘴邊（壞老闆的作法）。我們很多人都被教導要成為如此堅強又有權威的父母，認為這麼做長久下來對孩子有好處，但當孩子只想要遠離我們的時候，還談什麼效果？

只要父母細心、禮貌地對待孩子，孩子不會無緣無故撒野，他們和大人一樣，喜歡規則和慣例——如果這些規則有道理，而且不會反覆無常。孩子具有良知，經過幾次愛面子的抗議之後，只要得到公平的處置，通常會願意承擔後果。作為成年人，我們因為自身的智慧和經驗很自然地擁有充分的權威，而孩子也知道這一點。他們希望受到大人明智判斷力的保護，當我們設下的限制講求公平而且適合他們的年齡時，他們大多不會強烈反彈。

別忘了這個卓越教養祕訣：孩子在內心是真實的人，就和你我一樣，需要有人相信他們最好的一面，給予時間學習，別再三提醒他們自己的錯誤和缺點。不管是什麼年紀的人與其被告知該怎麼做，更喜歡被問問題，而且希望自己的需求能被正視。無論是面對大人還是小孩，要一起快樂生活就是讓對方願意與我們配合。

43

用讚美打亮對方

把讚美想成是你正在揮舞的強光照明燈。

最近，我看見一個眉開眼笑的母親大力稱讚孩子，她的女兒在鋼琴獨奏會上技驚全場。「我真為你**驕傲！**」這位滿心歡喜的媽媽一遍又一遍地說。而她的女兒尷尬地壓低聲音說：「媽……。」她縮著脖子，眼神瞄向四周，看看有沒有人在聽。

無庸置疑，這位快樂的母親沒有惡意，她只是試著做對的事：加強女兒的自尊心，認可她的才能，並慶祝她的成功，似乎是照著「讚美永遠不嫌少」的教養理論去做，但顯然孩子只想要她住口。

這個女孩自尊心低落嗎？她對自己沒有正面的看法嗎？應該並非如此。我的意思是，這孩子走下臺時滿臉笑容，她知道自己表現不俗。令她感到不自在的，比較有可能是媽媽誇獎她的**方式**。

這件事讓我聯想到一個人拿超亮的手電筒直射另一個人的眼睛，說：「來！這樣就能看得清楚。」的確，光線可以幫助我們看得清楚，但要發揮效果必須是間接的照射，並集中在我們需要看的東西上，而不是閃瞎我們的視網膜。讚美就是如此。把讚美想成是你正在揮舞的強光照明燈，就知道該如何使用它。你要把它照在這個人所做的**事情**上，就事論事。

依照這種方法，那位母親可以站在女兒身旁，亮出讚美的光芒，母女倆一起沉浸於她精彩的演出。舉例而言，與其說「我真為妳驕傲！」，不如把重點放在演出上，像是「表現得太棒了！」或「那個段落妳彈得太好了，讓我熱淚盈眶！」或「這場表演太出色了！」聽起來只不過是有那麼一點不同，其實不然。我們的用詞是為了在腦海中描繪出特定的畫面。

當你聽到「我真為你驕傲」時，腦中會有什麼畫面？我看見一個喜上眉梢的父母站在年幼的孩子**面前**給予認可，而孩子被動地接受父母的判斷。不過，要是焦點放在孩子的表現或成就，我看見的會是父母站在孩子旁邊，一隻手臂摟著他的肩膀，兩個人一致認為孩子的成就真的很棒。

你可以看得出來，第一種讚美把焦點放在父母的驕傲，另一種讚美則把焦點放在孩子表現的品質。當讚美的焦點只聚集在父母的驕傲時，接收者可能會有點侷促不安。強調父母的驕傲也可能暗示著「這一次」，如同「我**這次**真為你驕傲」，這讓我想到寫著「我的孩子是模範生」的保險桿貼紙。如果孩子下一次評分沒過會怎麼樣？你還會為孩子驕傲嗎？

相反地，當你誇獎的是表現時，就不會有壓力。事情完成了，他們做得很棒，沒有人可以把他們的成就奪走，而且重點在於孩子表現得有多好，而不是父母有多驕傲。讚美成就能為更多的成就鋪路，但表達驕傲強調的只是父母的認可。

當你專注於欣賞和享受孩子的優秀表現時，親子能共同慶祝，在情感上更加親密。這是一種強化體驗，有助於孩子了解表現得好能讓自己和爸媽都欣賞。父母驕傲的模樣的確會讓孩子感到自己很特別，但有時會有點不自在，一不小心就會跌落神壇。

同樣道理也可以套用在員工、另一半，以及任何你需要為其表現做出反應的人身上。回想一下你曾經參加過的頒獎典禮，頒獎者會誇讚得獎者的作為，而不會只是說：「我真為你驕傲！」然後把獎項頒給他。表揚是花時間陳述事實，而不僅僅是表達快樂的感受。

為了不讓你以為我在這件事情上是個純粹主義者，我要趕緊說，在很多時候，一句簡單又直接的「我真為你驕傲！」就是會脫口而出，不容否認。有時它真的是我們發自內心唯一能說的話。這時我建議你，趕快把焦點轉向對方的成就，而不是我們自己的反應。要接受這樣的讚美容易多了。

44

如何安撫外向者

盡量別把外向者的發言放在心上，也別把他們的反應看得太認真。

外向的孩子難以忍受枯燥乏味的時刻，在情感上也是。當他們不高興時，任何問題都很容易鬧大；感到痛苦時，會本能地向外尋求慰藉。用腦袋想辦法解決問題比較偏向內向者的作法，對靜不下來的外向者來說則是陌生的概念，採取行動才是他們的風格，他們發現只要有事情做——任何事情，就會立刻好過一些。

外向的孩子在不高興時往往會做三件事：誇大其辭並過度反應、推卸責任、威脅採取激烈的行動。知道如何應對這些反應能幫助你將大事化小，而非火上加油。

首先，很重要的一點是，別把外向者在生氣或受傷當下所說的每一句話都當真。誇大其辭對豪爽的外向者來說，本來就是很自然的事，當他們心煩時，這種傾向又會放大。在盛怒之下，外向者脫口而出的話可能就像利箭一樣，狠狠地刺進親人的心。他們是故意的嗎？不見得，但可以確定的是，那些話語相當激烈。

不過，當他們氣消了之後，可能會把自己說過的話輕輕帶過，不懂別人為什麼還在不開心。在外向者的心中，他們只不過是在發洩。許多外向者都會很驚訝，為什麼別人在事情過去之後，還要被當時的氣話影響那麼久。

有一種方式可以了解外向者誇大的反應，那就是當他們沮喪時，把他們的情緒攻擊看作是在尋求連結。情緒傷害或未解決的問題會讓外向的孩子感到寂寞和孤立，這是他們最痛苦的狀態之一。當事情不順心時，外向者激動的行為顯示出他們感到多孤立，迫切需要與他人產生連結。

沮喪的外向者也會指責他人和威脅做出激烈行動，來讓自己覺得好過一點。起初，他們把自我反省和情緒反思全都忘得一乾二淨，只會去想像怎麼用行動來奪回力量。此時，試圖讓外向者停止指責和保持公平只會導致彼此更加挫敗。他們需要不斷去指責別人，直到自己冷靜下來，開始用不同角度看事情。當外向者心煩意亂時，與他們爭論是沒有意義的，因為「指責」是他們釋放傷害的自然、外在方式。稍後，當一切冷卻下來，外向的孩子恢復安全感時，你可以換個角度回到討論中，他們可能就會聽到你的聲音。

你可以為外向者提供的最大安慰，就是深度參與的互動和即時回應的聆聽。盡量別把他們的發言放在心上，也別把他們的反應看得太認真。把焦點放在他們的感受和沒有被滿足的需求，而不是他們威脅要做的事。請記住一點，當外向者談起行動和怪東怪西時，其實是在尋求你的理解和大量的同情話語。你要察覺他們咆哮和指責背後的恐懼。儘管去誇大你的同理心回應，充分反映他們的情緒困擾。

陷入痛苦的外向者會拼命地想要卸下重擔，希望你寬大的心能接受。即使他們撂下狠話，也只是為了盡可能生動地傳達情緒。安慰他們時，你要用「心」而不是「腦袋」去傾聽他們內心深處的痛苦、恐懼或失望，並且給予清楚的訊號，表明你正在傾聽。

一旦外向的孩子覺得你有力地回應了他們的感受，就會神奇地感到滿足和平靜。你越是無條件地接受和反映他們的痛苦，他們就越容易放手和冷靜下來，但前提是他們知道你能同理他們最深的傷痛。若非如此，他們會繼續感到孤立和渴望減輕心理負擔。你越讓他們相信你接受和理解他們的痛苦，就會越快看到他們恢復樂觀的天性。

45

如何安撫內向者

內向者會偷偷希望對方不要放棄。

世界上的孩子分成兩種：一種是需要安撫的，一種是逃避安撫的。外向的孩子善於表達，會讓大家知道他們的痛苦，無論是用言語還是行動。當他們沮喪時，情緒會很快地轉化為與他人的某種互動。他們的痛苦可能會以偏差行為或憤怒的形式表現出來，因為外向者在受到傷害時，總是忍不住把別人扯進來。內向者則完全相反。

當內向的孩子沮喪時，會本能地隱藏感受，並**避開**互動。他們不像外向者會衝動地把痛苦往外倒，而是和海葵一樣，一感到痛苦就縮回自己的內在世界。這種退縮的本能是為了在周圍築起一道堅不可摧的牆，讓內向者暫時比較有安全感，但同時也阻擋了被安慰的機會。痛苦的內向者會不惜一切代價降低被進一步傷害的可能性，盡量不引起他人的注意力。

在《內向心理學》（*The Introvert Advantage*）這本書中，作者瑪蒂・蘭妮（Marti Olsen Laney）形容內向者有一種「看起來一切都無所謂」的驚人能力。他們有深刻的感受和強烈的反應，但自我保護的情感退縮，往往讓他們看起來比實際上更加冷靜自持。許多內向者會被誤解為穩如泰山，因為反射性的生存機制，讓他們在最沮喪的時候還能保持一張面無表情的撲克臉。

內向者會有退縮和疏離的衝動是有充分理由的，因為他們從獨處中獲得力量和能量。深思熟慮能幫助內向者重新振作起來並感到踏實。如果你沒有讓內向的孩子完成這項重要的內在工作，就強迫他們互動和把話說出來，他們會覺得有壓力和被侵犯，而不是被安慰。內向者需要先與人保持距離，直到內在調適好之後，才會願意開口談。

可惜的是，當明顯不開心的內向者推開別人同情的詢問或主動的幫助時，對方常常感到困惑或被拒絕，這種拒人於千里之外的態度，可能會讓想要給予安慰的人挫敗地離去。親子之間就算在內心深處亟需彼此，感情也會被消磨，距離逐漸擴大。

要安撫內向的孩子，你必須耐心等候，把看護的角色放在心中。受苦的內向者在痛苦之中很難與人互動，因為他們把所有的注意力都放在消化情緒上。不管這種愛理不理的態度有多突兀，其實內向的孩子都會偷偷希望父母不要放棄，他們在受傷時很難與人互動，但也不希望完全被丟下。

要給予內向的孩子時間和空間，同時又要保持陪伴和關注，就像美國太空總署發射太空梭。當他們升空時，你無法同行，但你可以在他們降落時，隨時接住他們。當他們在高空時，你永遠都不會把目光移開。內向者消化痛苦的過程有自己的時間表，但你的耐心和關心會給予他們滿滿的安全感。內向的孩子需要知道你注意到他們的情緒，知道你不會因為他們板著面孔或抿著嘴唇就不予理會。即使他們畏縮不前，也會深深感激有人發現異狀。

內向者藉由獨處來恢復精神，但他們不喜歡感到孤獨。過了一陣子，他們可能會告訴你到底怎麼了，但那對他們來說並不是最療癒的部分。**最好**的部分是當你擔心他們時，看得見藏在保護牆內的驚滔駭浪。要安撫內向的孩子，別逼迫他們，但也別一走了之。你的關心是他們重返世界的跑道。

46

不知感恩的孩子

太多感激之情會把腦袋束縛在過去，而非開創未來。

孩子不會故意不知感恩，他們只是不懂父母在教養上花的心思。從他們的角度來看，生活中的所有美好似乎都自然而然地發生，而不是因為大人特別做了什麼事。孩子可能會看見父母長時間工作或擔心家中經濟，但無法做出什麼有意義的連結。

感激父母的第一顆種子，通常在二十多歲時才會播下，大約在我們找到第一份工作或生下第一個孩子的時候。此刻，剛步入成年是一種挑戰，但他們終於可以擔任大人的角色，既興奮又自豪。在二十多歲時，孩子很高興能擺脫煩人的父母，由自己作主。他們也確信在事業、感情和育兒方面不需要爸媽出意見。自己的未來由自己創造。

到了三十幾歲，雖然這些孩子還是有初生之犢不畏虎的自信，但會開始感覺到生活的重複性。他們現在看到了長期目標的價值，在捍衛自身獨立性的同時，現在也願意把父母視為有用的資訊來源，例如：買房、貸款或工作上遇到的麻煩等大事，三十歲的世代看重父母的知識和經驗，但還是希望可以自己學習。

到了四十歲的後半段，這些孩子才開始明白，什麼叫做「有多少錢，就有多少人生的選項和自由」，也感受到真正老化的最初跡象。同時，他們意識到，除了這些嚴峻的事實之外，扛在肩上的責任一直都存在，或實際上變重了。他們可能會被工作綁住或放棄夢想，好讓自己的孩子能夠實現夢想。反思就從這個時候開始，這些成年子女有生以來第一次了解到，當個大人每天過著這樣的生活有多困難。他們現在知道當初父母付出了多少，以及他們被深深愛著。感激之情開始紮根，因為現在的生活經驗讓他們體會到父母承擔了多少責任。

到了五十歲，當衰老和能量守恆讓我們變得更加深思熟慮時，步入中年的孩子才真正開始懂了，什麼叫做「不想工作了，但還是得繼續做下去」。他們現在意識到，人生大事有太多都不在自己的掌控之中，即使你不情願，還是必須往前走。年紀一大把了，才終於對父母早年給予的付出無比感激。現在他們知道代價了。

到了六十歲和七十歲，這些不知感恩的孩子和父母一樣，了解人類必然的衰弱，彼此能夠感同身受。早年小小的自戀大多消磨殆盡，年邁的雙親和老化的子女越來越像經歷過同一場戰爭的同袍，雙方的共同點比他們早年想像的要來得多。未來與過去在此相遇。

這告訴我們：如果你以愛和公平的態度對待你的孩子（在大部分情況下），心中一直存有善意，那麼僅僅再過四十年左右，他們就會很樂意給你一個公道。此時，他們會真正對你所做的一切心存感激和驕傲——但在那之前，他們只會一心想著要創造自己的生活。

別氣餒。他們**需要**那四十年必要的傲慢，才能頭也不回地盡情去闖。太多感激之情會把腦袋束縛在過去，而非開創未來。在他們的年紀大到明事理之前，放寬心吧，要知道他們的感激之情正在一個漫長的過程中慢慢萌芽，最終綻放時會無比美麗。然後他們會了解你永遠無法用言語表達的事：你有多愛他們，以及為他們付出了多少心血。只有當他們愛過和付出過，才會真正感恩，並第一次意識到他們擁有的一切。

47

Z世代駕到

我們大人毫不懷疑地相信自己必須努力往上爬，他們卻問這好不好玩。

看，新一代的孩子駕到了。這些反應迅速的孩子寧願表達自我，也不願取悅大人，與你情緒不成熟的父母限制你的行為相反。他們會自己做決定，對追求享樂毫不愧疚，對傳統的成就不以為然。難怪他們的父母都在搶購教養書籍。傳統的教養方式正在被新一代的孩子測試：準備好迎接Z世代！

令人吃驚的是，對重視成就的父母來說，軟硬兼施的管教法，也就是行為主義最推崇的方法，幾乎沒有什麼作用，反而讓這些孩子一開始導致衝突的行為更加根深蒂固。當父母試圖用說教的方式激勵Z世代的孩子時，他們很有可能會用「**我自己**判斷」的眼神看著爸媽。面對孩子不甩大人，接受處罰而毫不羞恥，不管大人怎麼逼迫都不放棄自己的觀點，你會怎麼做？噢，還有，這些孩子會很高興地接受獎勵，但不覺得自己應該要回報他人。他們是嚴師的惡夢。

與父母最擔心的狀況相反，這些精力旺盛、堅持己見的孩子並非反社會、邊緣化或愛挑釁，他們只是在**做自己**。他們知道自己喜歡什麼、尊重（或不尊重）誰，主要動機是盡快滿足內在自我提示的需求。這些孩子很投入在有熱情的事物上，認為無法帶來自我實現的事就不值得去做，他們在特別感興趣的領域中總是步調飛快，但如果某項任務對他們來說不具個人意義，就會失去動力，甚至無法行動。

由於恐懼不是Z世代主要的動力來源，所以很難嚇唬他們順從。Z世代不會依賴大人告訴他們什麼是重要的事，而是往內心探尋。（「刺激嗎？開心嗎？**好玩**嗎？」）這些孩子是怎麼回事？我們大人毫不懷疑地相信自己必須努力往上爬，他們卻問這好不好玩？答案就在馬斯洛（Abraham Maslow）經典的人類動機金字塔「需求層次理論」中。

根據馬斯洛的理論，人類的需求像金字塔一樣往上疊，從基本的生存需求上升至歸屬感和愛的需求，最後來到金字塔的頂端，也就是自我實現的需求。馬斯洛把所有低於自我實現的需求稱為「匱乏動機」（deficiency motivation），意思是被這些需求支配的人，認為生活就是要爭取生存、歸屬和地位。行為技術，像是讚美或處罰，非常適合用在任何依照匱乏動機過活的人身上，因為他們會**向外**尋求安全和獎勵。

Z世代就不是這樣了。辛勤工作的父母早在他們出生之前，就設法滿足了這些孩子層次較低的匱乏需求。他們從一**開始**就在馬斯洛需求金字塔的頂端。這就是為什麼認同和榮譽不一定能夠激發這些孩子的動機。他們全心奉獻的父母提供了安全的家，總是從正面的角度看待他們，滿足了他們的尊重需求。Z世代不會為了得到歸屬感而把心思放在取悅他人，因為父母做得很好，確保這些孩子在父母心中感到安全。

自他們出生的那一刻起，Z世代就為下一步的自我實現做好了準備，這是他們重視成就、動機匱乏的父母未能完全做到的（就算做到了，也會伴隨著滿滿的罪惡感）。你不能用「謀生」這種理由嚇唬他們用功學習，或是利用罪惡感來讓他們把他人放在前面。Z世代不會害怕，也不會有罪惡感，他們不用這種方式看待人生。

仔細想想，他們的現實感無懈可擊，我們父母已經滿足了他們的匱乏動機。從他們的角度來看，父母已經清楚地讓他們知道自己很安全、很特別、很棒、而且被愛著，那何必追求傳統的成就呢？待在原地沒有什麼意義，只能進入下一步：自我實現和內在導向。

但當然父母會擔心，要是Z世代孩子突然得去謀生，會發生什麼事？如果遇到災難，他們要怎麼生存？他們有辦法做到嗎？

當然可以，因為到時Z世代就會回應**真正**的需求，他們會從內心感受到急迫性。當生存和安全受到威脅時，自我實現會自動退居二線，直到恢復安全。父母可以安心，因為馬斯洛的金字塔法則也可以反過來用。我們可以根據需求上下移動。

Z世代孩子已經超越了我們父母所理解的獎懲系統。這並不是因為他們自私或自以為理所當然，而只是在父母為他們鋪好的路上，想辦法成為自己該有的樣子。從他們的角度來看，為什麼要有動力去達成已經被做好的事情？我們真的不能指望他們去回答我們解決過的難題，還能保持興奮之情。

那麼父母該如何是好？首先，父母要給自己一點肯定，因為你讓孩子得以捷足先登，爬上金字塔的頂端。這是一個巨大的世代成就，任何父母都應該為此感到自豪。再來，由於我們這一代的許多成年人無法把時間花在自我實現上，因此我們必須承認，實際上對這個層面的生活一無所知。

也許Z世代可以告訴我們，上面是什麼風景。只要我們密切關注，搞不好會學到新的教育、教養和重要人生課題。即使是在檢查他們的作業和叫他們去倒垃圾時，都可以看看Z世代在需求金字塔頂端的生活是什麼樣貌。

48

接受青少年的不成熟

你只是希望孩子成功，這樣你才能放鬆下來。

最近，我看到很多壓力過大的父母越來越早擔心孩子的未來。這些父母因為孩子在國中有一、兩科成績不佳就緊張不已，急著要參加有關提高成績和職涯發展的講座。到了高中時，這些父母因為選課、報名大學先修課程，以及要不要用大學教育基金來支付備考課程而焦頭爛額。

這與過去較少參與的父母和無人看管的孩子相去甚遠。那時，青少年有機會在青春期的繭當中隨心所欲地蠕動，與朋友一起玩樂、玩遊戲、閒晃，怎麼樣浪費時間都沒關係。（只不過這不是真的在浪費時間，至少從發展上來說並非如此。）青少年時期有個主要的心理任務，那就是找到除了爸媽之外真正的自己，以及未來作為一個初出茅廬的成年人，什麼樣的生活會讓他們開心。但過度操心的父母很難克制自己不要去介入成長中的繭，為了讓孩子獲得最佳的發展，非要去強制加速或至少幫他們擺好手腳位置不可。

你是否無時無刻都在擔心，不管是在大學或職場，孩子會因為搶不到有限的成功機會而被遠遠拋在後頭？你是否會去生動地想像，寶貝女兒因為沒有認真上化學課，就會在某間野雞大學裡浪費埋沒了潛能？你是否認定你那個暴躁、懶惰、自我中心的十四歲兒子會用同樣的態度對待未來的老闆，那些明明是正常的青少年行為，你卻擔心得要死？是的話，你就是正在崛起的「直升機父母」之一。

在上一代生活的世界中，好工作和好公司可以提供終身保障的職涯。只要你負擔得起，上大學絕對不成問題。但在今日競爭的全球經濟中，最低工資的工作讓你連小小的入門款公寓都買不起，工作保障也蕩然無存。勵志和教養書籍號稱可以把孩子塑造成任何你想要的樣子，讓身為父母的你更加焦慮。你覺得你應該要確保孩子不失敗。你只是希望孩子成功，這樣你才能放鬆下來。

現在的直升機父母認為，孩子恣意享受青春期的風險太高。沒有時間讓他們這麼做。時鐘正在滴答作響，起跑線已經站滿了人。一般青春期的大部分行為被視為對未來成功的威脅。

不過，從定義上來看，正常的青春期行為反映出一名青少年還不成熟，也不擅長自我控制或未來規劃。對成年人來說，這會帶來麻煩，但對十五歲的孩子來說，卻是完全正常的行為。孩子的青春期行為很少能夠真正預測未來的成功或失敗。直升機父母忽略了一個重要事實：你的孩子還沒有長大。作為直升機父母，你想要儘早看到成年期的任何跡象，但這麼做只會強化刻板的順從和成就，同時對正常、缺乏遠見的青春期行為感到不耐煩。

但欠缺考慮的青春期行為是許多孩子探索自我的方式。直升機父母不希望孩子去冒險，會擺明說：「你不必經歷這個或嘗試那個，問我就好，我會告訴你是怎麼一回事。」身為直升機父母，我們知道犯錯的代價可能很高，所以想幫助孩子繞過去。換句話說，在事關重大的情況下，實驗精神不被鼓勵。然而，所有的設計和規劃都擋不了青少年四處闖蕩（也就是「從經驗中學習」）的衝動。

你可以想一想。也許我們可以給孩子一點時間，並對他們的成熟過程有信心。也許我們可以盡量不要讓他們覺得只有長大一半就是失敗。此外，說教說得再多都無法加速基本的大腦發展。長大是一個混亂又來來回回的過程。有時，唯一的明智策略是放輕鬆，靜待不成熟的地方慢慢趕上。

49 為什麼愛因斯坦不踢足球

這個孩子知道，無論她將來成為什麼樣的人，都不會跟追著球跑扯上關係。

你看過愛因斯坦踢進致勝球後，把足球抱在胸前、臉頰紅潤的照片嗎？應該沒有。我們不太會把這樣的形象跟他的偉大聯想在一起，對吧？我們比較熟悉他在書房裡，一頭亂髮、聰明得不可一世的照片，完美捕捉了他正在做他最擅長的事：思考。

愛因斯坦是一名內向者，他從自己思想的內在世界獲得能量和快樂。內向和害羞或當壁花無關，而是在你需要補充能量時，會去向內探尋的傾向。外向者會直接經由外在世界的人和活動來充電，但同樣份量的活動可能會讓內向者筋疲力盡。

內向者需要轉向內在，並且有獨處的時間可以消化和思考當天遇見的大量人事物。內向者往往無法在當下對某個狀況產生想法，必須退後一點才能搞清楚意義為何，然後再回來有力地表達他們的信念。至於外向者，則是藏不住內心想法，會立即得出結論，之後有必要再修正。

不用說，外向者在團體當中如魚得水。開會討論非常適合外向式的思考和互動，足球比賽、社區活動、俱樂部和家長會也是。據估計，在我們的文化中，外向者的數量比內向者多出一倍，因此，心理健康、成功、幸福和良好人際關係的定義嚴重偏向外向者的理想。

最近，有一些書籍和研究在探討預測快樂和健康的因素。整體來說，這些因素是外向者的夢想：大量的社交接觸、社區參與和活動。這是否代表害怕人群、電話和志工工作的內向者註定會適應不良或變得有氣無力？也許——只是也許——這些被研究的因素存在著一點點研究者偏誤。這是不是某種明顯的偏見：大人認為在足球場上奔跑是有意義的活動，但這跟內向孩子的想法也許有點差距？內向者需要時間靜靜獨處才能充電，並默默地以比較不會接觸到人群的方式做出貢獻。

我的一名朋友，有個絕頂聰明的女兒。為了孩子好，這位媽媽幫她報名了足球課，我猜是要讓她學習團隊合作、鍛鍊體能和達成團體目標。但和愛因斯坦一樣，她志不在此。她會在練習的休息時間坐在一棵樹下，利用再次去跟外向者踢球之前的這一小段時間讀自己的書。

和愛因斯坦一樣，這個聰慧的女孩知道，無論她將來成為什麼樣的人，都不會跟追著球跑扯上關係。我想她也很清楚，自己的才華和興趣可能不在於達成團體目標或甚至團隊合作。

我們害怕沒有讓孩子去參加外向的活動（比如說團隊運動），就無法幫他們鋪好未來的路。如果他們喜歡運動，那很好；不喜歡的話，也很好。內向的活動像是閱讀、創作或與好友共度時光也都很有價值。就我看來，足球教人如何在球場上表現，但在會議室或其他成年人權力的堡壘中，我們需要完全不一樣的應對技巧。

所以，如果你親愛的孩子不喜歡追趕跑跳碰的團體活動，別擔心，他們還有其他地方可以發洩精力。你知道嗎？當大腦活躍時，平均使用高達百分之二十的身體葡萄糖儲存量。想像一下，對高於一般水準的思考者來說，這代表什麼意思——難怪愛因斯坦不踢足球。

內向者在腦袋裡消耗精力，通常沒有太多可以留給社交活動，如果與他人互動太久，他們會需要大量的獨處時間來補充能量。想像一下，要是他們強迫自己去進行那些研究建議的社交活動，會感到多麼疲憊！

如果你或你的孩子是內向者，你們要在**最適合的地方**找到一技之長。我承認，我不知道愛因斯坦是否踢足球，但我知道他有辦法用自己的能力去做出貢獻。內向者的存在也很重要，找到自己可以發揮所長之處。

讓外向者擁有足球場吧，你可以用自己的方式獲得健康和快樂。

50

孩子的進化

「正常」的意思是父母認為孩子的進化應該就此打住。

當我聽到父母抱怨孩子迷戀電玩和社群媒體時，我喜歡想像穴居人時代的母親擔心沒有毛髮的奇怪子女要怎麼保持溫暖；原始人父親懷疑自己的兒子要怎麼用有抓握力的拇指穿過樹梢。我很好奇尼安德塔人母親是否會因為克魯馬儂人女兒高高的額頭異於其他嬰兒而感到驚恐。

先說聲抱歉，我的人類學可能不及格，但當孩子開始進化時，父母普遍的反應是希望時光倒流。只有孩子正常，才會讓父母有安全感。「正常」的意思是父母認為孩子的進化應該就此**打住**。

父母知道時代變了，活動也大不相同，但他們仍然希望子女成為祖父母會認可的那種孩子。問題是，在過去兩代人中，科技改變了很多事情，孩子所處的實體環境已經是天壤之別。廣告無孔不入，讓我們慾望更多、步調更快。叫大家坐下來、集中注意力並服從權威，這招行不通。

我看不見有任何倒退的跡象，現在的孩子無法靜下心來讀一本好書，並愉快地做著重複的家庭作業。我也看不到他們拿著話筒跟朋友聊天，或不去看電視和打電動，改去院子裡玩耍的景象。期待孩子會努力完成紙本任務的父母，肯定會失望透頂。

為什麼？為什麼電子媒體會打趴我們心愛的紙本社會？因為人腦一向喜歡速度，討厭等待。當科技很落後、距離又很遙遠時，人們必須等待、調整步調並制定計畫。緩慢和謹慎被視為一種美德。

但人類進化的步伐越來越快。人腦總是對能讓它拓展視野和加速運作的事物飛快做出反應，什麼也擋不了。一旦變快，慢就會讓人受不了。觸控螢幕每次都會完勝紙張，毫無疑問。

當孩子抵制循序漸進學習的舊美德時，我們會擔心，但這代表我們在不知不覺中加速進入了全新的世界。這不代表我們是糟糕的父母。只是教育還沒有趕上現在孩子的大腦，那些如閃電般飛快的驚人迴路。

面對現實吧。未來世界的跡象顯示出長時間進行重複冗長工作的能力，正在失去市場價值。不管這是不是一件壞事（進化會讓我們知道），它還是會發生。耐心和計畫對成功總是有一定的貢獻，但占的比例可能很小。能這樣想的人可能會走上工程師和數學家的路，這對人類的進步不可或缺，但他們的數量可能沒有那麼多。

現在所謂優秀的生存技能，可能是能夠隨機應變，以及很快地與他人達成雙方都滿意的協議。因為世界上有太多的人和公司，死板不知變通的人難以與人談判或發現機會，將和恐龍一樣成為化石。在過去大型企業提供穩定和安全的時代，把孩子訓練得服服貼貼也許合適，但現在已經過時了。我們讓孩子出外闖蕩時，可以推他們一把。

如果我們覺得自己經常在跟孩子討價還價或談判，也許是因為這正是進化推動我們前進的方向。將來孩子可能需要這些技能，而不是絕對的服從。當我們看見孩子全神貫注地打電動，對一次又一次的突襲立即做出反應時，把他們想成是在為瞬息萬變的全球世界做準備。

也就是說，我們所謂的注意力缺失症（attention deficit disorder，簡稱ＡＤＤ）可能是我們一直在前往的方向。知道如何享受並追求快速又膚淺的社交接觸（像是臉書和推特），可能會成為在這個全球環境中功成名就的最佳方式。當然，事實證明，舊時代的商人和探險家是最適合生存的人，他們在社會進化的最外圍奮鬥，為所有人帶來巨大的利益。

這個現象是否會繼續成為我們進化的方向還有待觀察，但除非發生某種科技災難，否則你不會看見它趨緩，孩子也不會變得更加溫順和尊重權威。在史前時代，不斷進化的大腦渴望新奇和速度，讓人類得以保存生存競爭力，甚至最終能夠創造自己的環境，而不僅僅是去適應原有環境。

年輕人的大腦喜歡快速、刺激和全球性的生活方式。我們的孩子已經嗅到了空氣中的變化，並像所有新一代人一樣做出回應：在新環境中盡情茁壯成長。他們適應環境的速度可能快得讓我們跟不上，但這不正是父母期望孩子做到的嗎？就進化而言，孩子的主要工作不是取悅祖父母，而是為未來做好準備。

51

父母的畢業典禮

你覺得你在擔心孩子，但也許你擔心的是自己。

你可能認為高中畢業是孩子的事，但今年春天並不是只有他們要離巢。父母也即將畢業，不管是否準備好，尤其是當孩子要離家上大學或找新工作時。畢業在任何年齡都會發生，是一個生命階段的結束，要好好的離別有一番學問。

養兒育女花時間、花錢又花精力，但他們給你人生中最重要的使命。一項研究發現，沒有孩子的伴侶對生活的滿意度較高，但有孩子的伴侶認為生活變得更有意義。與其去做自己想做的事，追求一時的享樂，不如為孩子的未來福祉做出貢獻。

被子女依賴的生活會大幅簡化，因為你會根據事情對孩子的影響去做決定。孩子最擅長限制你的選擇，但自由被限縮會莫名地帶來安全感，就像拿到一張清楚標示路線的地圖，而不是廣闊的未開發領域。有些孩子絕對需要的東西，通常會排擠到你自己想做的事。經過一段時間之後，你會習慣按照他們的需求行事。直到他們把你的地圖帶在身上，長大離家。

這有點像是從一份你以為會做一輩子的工作當中解脫。你會有什麼感覺，端看你有多認同自己身為父母的角色。可能是解脫，就像我看見一輛敞篷車的車牌寫著「孩子都離家了」（KIDZRGON），但也可能是「你好，自由！再見，人生意義！」

隨著孩子日漸成熟，他們的工作就是越來越**不**依賴你。你只負責他們生命的起頭，而不是一輩子。當孩子生命中的青春期邁入尾聲時，你的心態要開始從父母轉變為旁觀者。你不再是他們的安全網；你已經畢業，成為一名觀測員。孩子可能還是需要經濟援助或偶爾的建議，但父母遲早必須放手讓他們自己想辦法。

重要的問題來了，你**信任**他們嗎？你是否相信他們內心深處有成熟的力量，即使當下看不出來？你是否相信他們終究會從錯誤中學到教訓，並體認到凡事有因必有果？你是否相信他們會在經過全盤考量後，爬升到適合他們的位置？

很多人都會回答：「我相信，可是……」我們希望孩子在外面能夠生存，但他們目前的行為實在讓人沒信心。把一個孩子養到大學畢業，就像明明熟知香腸的製作過程，但當它出現在你的早餐盤時，又要不去想它的來源。這些年來的幼稚行為，怎麼看都不足以構成一個有能力的成年人。

不過，對於即將畢業的父母來說，這是首要之務。你要放下懷疑，讓孩子創造屬於自己的成年故事。隨著你對孩子的法律責任畫下句點，你開始擔心他們將如何對自己負起法律責任。如果他們的房間可以看出端倪，你可能會害怕他們的人生也會變成一團混亂。但只要你願意相信，他們總有一天會有條有理並準時起床。你必須相信，他們成年後會有想追求的東西，進而產生動力、逐漸成熟。就算很難這麼想，你還是要有信心，想像孩子最終會成熟並充滿自信。在他們表現出任何值得信任的跡象之前，你可以先給予信任。

我們再來更深入地探討一下。你可能覺得你在擔心孩子，但也許你擔心的是自己。當你不再需要照顧孩子的安全和福祉時，可能會無所適從。少了這一份擔憂，你還會是誰？你自己還有你的生活中，有哪些未被探索的部分會冒出來？你不想面對的空虛即將席捲而來，你是否因此感到緊張不安？

面對空虛是所有人生轉折重要的一環，威廉・布瑞奇（William Bridges）在他精彩的著作《轉變之書》（*Transitions*）中談到這一點。當過去的作法再也行不通，而我們無法走回頭路（順帶一提，這是「畢業」很好的定義），會有一個非常不舒服的時期，不知道接下來會發生什麼事。我們可能會發現自己渴望過去作法帶來的安全感。不過，為了孩子好，你必須繼續面對自己的空虛，相信就像孩子終會找到成年人的路一樣，你也會找到空巢期的路。在你接受自己畢業、成為觀測員之前，你會一直把孩子看作是孩子，但他們其實已經變成了初露鋒芒的成年人。

找到新的方向前進並慶祝父母角色的轉變，是你能給孩子最好的畢業禮物。比起新車，他們更需要你願意在沒有他們的情況下繼續前進。身為年輕的成年人，知道父母充滿信心地讓你對自己的人生負責，是一個令人振奮無比的經驗。這不代表父母不會再幫助孩子，甚至奇蹟似地不再為他們操心。這只不過是代表他們的人生不再是你的人生，而你在內心深處接受了這一點。就像健身房裡在旁協助重訓的教練，你還是可能需要介入，避免災難性事件發生，但接下來你要抽身，盡量回到觀測員模式。

你給他們的訊息必須是「你會成功的，繼續努力吧。」當空巢期的生活變得有些黯淡，你不知道接下來該做什麼時，也要這麼告訴自己。這是父母畢業後的正常感覺。你和孩子一樣，都需要時間找到方向。

第三部

我與逆境

——面對挑戰的心態

9

接受真實人生

我們通常樂於迎接自己所選擇的挑戰，但意料之外的最能讓你變得堅強。很多時候，克服逆境的關鍵在於調整一點作法、改變一點心態。然後你會發現，你的幸福就和你的成功一樣，往往掌握在自己手中。

52 這是個野蠻世界

有時你會犯錯或失算，那是因為你是這個世界的一部分，而不是這個世界的主人。

當人生照著計畫走時，我們會有一貫的程序，了解遊戲規則，也很確定如何讓自己過得舒服。當我們知道該做什麼，接下來會發生什麼事，很容易就會有自信。當我們有自信時，距離自命不凡只是一步之遙。

畢竟，好處接踵而至，一定是我們把事情做對了。

但有些人來到我的辦公室，信心受挫，覺得自己很糟糕，因為某些意想不到的事件讓他們深受打擊，一臉震驚的表情好像在說：「我以為我把每件事都做對了。」「這種事怎麼會發生在我身上？」

我對他們相當同情。通常他們只有在用盡各種方法，還是無法理解人生意外的轉折之後，才會來尋求幫助。他們想找出因果關係，彷彿抓到罪魁禍首就能讓他們回到正軌。他們對意料之外的人生發展感到困惑不已。

生在繁榮的國家，我們很容易相信，人生大部分的時間都能處於一個可控制、可預測的世界中。只要夠努力，就會成功；只要當個好父母，孩子就會出人頭地；只要遵守規則，生活就會像馴化的寵物一樣，對我們百依百順。這看起來多麼簡單明瞭，以至於結果不如預期時，我們很容易責怪自己。但當我們這麼做時，我們忘記了一個簡單的事實：我們仍然生活在一個野蠻的世界。

住在屋簷下不代表生活已經被馴化。從前，「野蠻」以黑暗森林和尖牙利齒的形式出現，今日你可能不太會去擔心這些危險，但這不代表你可以掌控全局。

早期的探險家和開拓者都明白這一點，他們在天災人禍和錯誤判斷中奮力前進，每進入一個未知領域就不斷實驗和學習。他們通常不知道接下來會發生什麼事，但很清楚天有不測風雲，人有旦夕禍福。他們可能不會把時間花在自我批判上，因為在極為艱難的環境中，光是能夠生存下來就該偷笑了。

在人生中，你要珍惜那些沒有地圖可看、只能自己探索的時光。它讓你記得，人生還是很野蠻的，不受你的計畫和習慣影響。出乎意料的事情總是會發生，千百年來都是如此。很多可以事先準備，但有些什麼也做不了。

重點是，當這個野蠻世界殺你個措手不及，不一定是你的錯。你只能用猜的或應付不來，不代表你很糟糕或無能。並非所有發生在你身上的事都可以預見或預防。人生太複雜多變，不可能永遠安穩妥當。

當生活的變化超出你的控制範圍時，切記，每個開拓者和探險家都曾和你一樣害怕。你可能會發現自己身處沒有地圖或指南針的地方，只能依靠直覺來引導你。在這些時刻，你可以喚醒自己在野外生存的本能，接受不可預測的意外，同時不斷往前尋找更好的生活。有時你會犯錯或失算，但那是因為你是這個世界的一部分，而不是這個世界的主人。

最優秀的生存者和開拓者都知道，未雨綢繆可以避免一些意外，但無法避免所有意外。我們要提醒自己這個世界很野蠻，有可能在你最沒有防備時，給你一記痛擊。只要記住人生的野蠻和風險會影響每個人，你就能卸下壓力。

韌性和自信並非來自於讓生活井然有序，以免意外發生。接受自己和他人都是進入未知領域的探險家，你才能發展出這些能力。如果你採取生存者的作法，你會欣賞並尊重偶爾入侵所有人生活的不測。

為這個野蠻世界留出空間，當它向你展示真實的面貌時，別放在心上。請記住，雖然世界很野蠻，可是你的祖先也不遑多讓，要慶幸你仍擁有生存的一切必要條件。

53

逼不得已的國度

當人生要求你做出回應時，它才不管你願不願意，只要求你付出最大的努力。

邱吉爾（Winston Churchill）曾經說過：「有時做到最好並不夠。有時你必須做該做的。」在異常艱難的逆境下求生存，他可是專家。當你為了生存或其他重大任務奮鬥時，你認為自己能做什麼或做多好都無關緊要，重點在於該做什麼就去做。

對於自己能達成什麼或承受什麼，每個人都有不同的想法。大部分的人會覺得我能做的努力就是這麼多，有盡力就好了。

也許我們應該更真實地說，我們已經做了所有我們**認為**自己可以做的事，或是**願意**做的事，或是他人合理**期望**我們做的事。但我們可能沒有真的盡力。

在人生最艱難的情況下，你不能再堅持自己能做什麼、不能做什麼。在你還沒反應過來之前，你已經陷入困境，事情發生得太快，你再也沒有時間去爭論什麼是合理的付出、什麼是生存的逼不得已。你就是去做。你從盡心盡力的優雅之地被拋到不得不做的堅毅國度。

人類已經在地球上生活了很長一段時間，並且從中獲益。我們被賦予了一種生存超速裝置，當自己或所愛的人面臨嚴重威脅時，它就會啟動。大多數的人甚至不知道我們有這個裝置。我認為我們是小小的四缸引擎，能開到商店買菜就不錯了。但人類歷史可不是這麼說的。從歷史的角度來看，人類是最大、最猛的全輪驅動車。當生活遇到難關時，人類會換成低檔，獲得需要的牽引力。

你可能認為自己沒有非凡的精神或體力，因為平常用不到。一旦遇上麻煩或親人陷入危險之中，你會突然變得和邱吉爾有很多共同點。你會鎮定下來，不再擔心自己做得夠不夠好，而是去做該做的事。

但我們不是每次都心甘情願。有時你可能非常抗拒，要盡力去做不得不做的事情。也許你不想放棄舒適的傳統角色，卻讓你少了機會去發現，自己在絕境下能發揮多大的能力。也許你寄望權威人物站出來挽救局面，但最後驚訝地發現，**自己**才是應對危機的最佳人選。

沒有人喜歡被要求做超出自己能力範圍的事。我們會本能地抗拒不公平的負擔或解決問題的唯一責任。大部分的人必須跨過心理這一關，才能開始在逼不得已的國度發揮作用。然而，一旦怨念平息下來，你將面對的下一步很簡單：完成該做的事。

有時，你需要盡的最大努力可能很戲劇性，像是把車子從某人身上抬起來。但其他強項更常派上用場，例如：保持耐心和緘默。這些挫折和剝奪也是不凡耐力的表現，經常超過你以為可以忍受的範圍。但對最終順利解除危機的人來說，他們得到的回報是巨大的心理成長和增強的自我尊重。

當你發現自己面臨了意想不到的挑戰時，可能會感到不滿和焦慮，因為你被迫扮演你不想要的角色。然而，當你突然意識到，你具備一切條件，擁有最明智的想法或情緒耐力去完成必要的任務時，也可能感到十分振奮。一旦做了，你就被賦予了權力。你會發現你之前的角色有多缺乏挑戰。

你可能覺得停留在盡力而為就足夠的水準就好，但有時還是會被帶入逼不得已的國度。當人生要求你做出回應時，它才不管你願不願意，只要求你付出最大的努力。邱吉爾爵士會告訴你，人類就是可以做到這一點。一旦情況需要，你會想起自己的力量。

54

培養騾子思維

如果工作量超過了騾子能夠承受的範圍，牠就不會再做。

我的父親是一名商人，但他同時也在家裡的農場養肉牛。他的智慧來自於出身鄉村背景，他也很樂於把這些智慧傳承給子女。他曾經告訴我馬和騾的區別。我父親說，在過去，聰明的農夫不會買馬耕田，而是會想辦法選一頭好騾子。

騾比馬好的地方在於：騾累了會停下來，而馬會做到死。聰明的農夫知道，頑固的騾子拒絕繼續工作只是一時的不便，他的資產可以自動受到保護。沒有騾子會工作到至死方休。

騾子不是美麗的動物。牠跟馬一樣大，卻不如馬優雅；長得跟驢很像，卻不如驢可愛，但騾子擁有的是對自身體力極限毫不妥協的尊重。雖然牠很能吃苦耐勞，但超出負荷時會止步不前。牠不在乎你有多生氣，也不在乎你對牠這種個性有什麼看法。騾子做不來時就不會做。

至於馬，雖然牠是高貴的動物，但會照著主人的想法去做。如果無論如何牠都得繼續工作，牠會做下去。馬可以工作或賽跑直到累倒，因為牠們做得到。為了跟上同伴們（或主人），馬會忽視自己的疲憊。當一匹馬意識到自己做過頭時，可能為時已晚。

也許因為馬有這個特性，所以小女孩特別喜愛這些美麗又心胸開闊的動物。她們可能直覺認為，自己長大成人後會跟這些敏感的馬一樣，優雅而且毫不吝嗇地把力量用在服務他人上，為了歸屬和照料他人放棄野生的自由，因此產生了共鳴。

你很少聽到女孩愛上騾子的，但也許我們應該幫牠宣傳一下。與其鼓勵小女孩把注意力放在飄逸的鬃毛和尾巴，不如告訴她們把長處用在自身。騾子不用去管美不美，牠學會關注自己的內在。女人也可以做到這一點。

無論是愛做白日夢或舉止像個男人婆，小女孩都有滿滿的自我主張。在被教導要自我犧牲之前，女孩和其他人一樣，自然而然地只會想到自己。和騾子一樣，她們沒興趣毫無意義地長時間工作，總是在尋找享受自己的方式。但是，當文化壓力開始用社會群體和風流韻事來定義她們的價值時，女孩就會失去膽量。她們認為，如果不想辦法讓別人愛她們，就會在人生的比賽中落後。社會歸屬感對女孩和男孩變得十分重要，以至於無視自己的真實感受。

女孩和男孩都可能變成放棄太多的人。他們學會為自我犧牲感到自豪，努力成為好配偶和盡心盡力的父母。他們會繼續為他人服務，直到寬大的心因失去自我而破裂。就像過勞的忠心馬兒，失去了活力和健康，還不懂為什麼感覺那麼差。過去的習俗尤其讓女性相信，只要好好為他人犧牲，就會更加快樂和充實。有些男性也會這麼想。這就像告訴一匹馬，跑得越久、越用力，感覺就會越好。

精疲力盡和無精打采都是大自然在告訴你，你已經付出**太多**。生病通常是可以避免做到死又不會有罪惡感的唯一方式。心理或身體生病了，你才終於聽見那個多年來叫你停下來的小小聲音。遺憾的是，很多人希望愛他們的人能注意到不對勁，並在為時已晚之前為他們勒住韁繩。他們懷疑，為什麼沒有人看見他們快倒下了。沒有人發現這場比賽對他們來說，代價有多大嗎？

沒有。十之八九，沒有人會發現你付出了多少代價。只有你做得到。馬兒不會做這種自我檢查。有時馬兒必須被強行阻止跑過頭；牠們奔馳跳躍，早該在幾個小時前就停下來，卻還要求繼續前進。即使只剩最後一絲力氣，牠們還是保持積極和堅強。想想社會中理想的好女人，是持續付出而非持續過自己生活的女人；或是對好男人的幻想，他們必須要供養他人，直到崩潰邊緣。

我比較喜歡騾子的作法。騾子會停下來，牠之後可能會願意多做一點，但現在什麼都不想管。牠的動物智慧告訴牠，如果牠想活得久一點，最好注意肌肉在說什麼。

任何被情緒不成熟的父母養大的孩子都需要學會這麼做。當女性把大部分的精力都花在處理情緒時，這對她們來說可能更難做到。當你扛的重擔沒有存在感或無法衡量時，只有你自己才看得見情感代價。這不像肌肉酸痛或肌腱拉傷，而是情緒低落、疲憊或受挫。等到別人注意到，它可能已經以憂鬱、焦慮或一系列心因性生理疾病的形式出現。不過，當這些症狀出現時，我敢說已經是比賽的最後一哩路，而有人一直不斷把你的終點線拉得越來越遠。

你必須學會在半途之前注意自己的情緒疲勞。如果你不抵抗，這個文化會把你操到死，所以你要學會說不。如果你有高貴馬兒的本性，那就要刻意培養騾子的頑固。

為了擁有健康的騾子思維，你要不斷問自己：「這樣是否太超過？」「我累了嗎？」「是什麼讓我如此疲倦，我可以少做一點嗎？」相信我，你不必擔心變成懶惰蟲，因為家庭和文化永遠不會停止推動你前進。你是唯一一個可以在田裡坐下來並拒絕往前走的人。請記住，沒有農夫比受夠了的騾子更強壯。農夫偶爾通融一下不會怎麼樣，但騾子一直做下去會出事。

你要注意內心疲勞或耗竭的信號，並認真看待它們。人生十之八九是可以等待的田地，而不是非贏不可的比賽。

55

撤退的時機

如果對方不是熊，請無視腎上腺的慫恿。

你是否曾經希望肩膀上有個小天使，能在讓情況變糟之前，告訴你要趕快撤退？當我們發怒或心生怨念時，說話方式和行為舉止會讓別人在當下跟我們一樣負面。當然，之後我們可能會後悔說了什麼，或是用什麼態度去說，但那時我們就像跳下懸崖的旅鼠，內心正往災難奔去。

你可能會想：「但也不能就這樣默默地把情緒悶在心裡。如果對方錯得離譜，我們還要逆來順受嗎？」

我們來想想，你真正要的是什麼：你希望衝突變多還是變少？你想追求自己的人生目標，還是寧願把精力放在與別人爭吵？你的精力就這麼多，而你拿來挑起鬥爭和怨恨的創造力，可以更好地運用在獲得你想要的東西上。你要創造你想要的結果，還是給別人一個教訓？

將來，假設你決定放棄報復，轉而追求理想的結果。你怎麼知道自己何時會故態復萌？何時又會開始不再尋找和平的解決方案？

我們的肩膀上沒有天使，所以要注意腎上腺素。腎上腺位於軀幹中部，會分泌腎上腺素做出著名的「逃跑或戰鬥」反應。當腎上腺噴出這種轉化激素（想想無敵浩克）時，會為身體帶來非常強烈的感覺。整個系統都會變得緊繃，恐懼和憤怒在腹部衝撞。我們表現得好像正在面對一隻熊，但實際上可能是朋友讓我們失望，或配偶在疲倦時說了白目的話。

腎上腺完全不在乎當下現實之間有什麼細微的差異；它們只感覺到有一隻熊出現，要確保你能夠獲勝，給你足以殺死熊二十次的力量。腎上腺只知道，如果你受到威脅，不管怎麼樣都要戰鬥，直到生存得到保障。

問題在於，腎上腺的反應是盲目的。它們把一件事做得非常好，那就是戰鬥，但從來不考慮未來或後果。它們無法思考，因為它們是完全在黑暗中發揮作用的小小組織。

我必須承認，如果真的遇到熊，我會馬上拿大腦來換腎上腺。不過，你每天面對有關人的問題，其中大約百分之九十九・九最好透過思考而非腎上腺來解決。因此，擺脫某個情況的最佳時機，就是在你強烈地感覺到腎上腺素飆升的那一刻。當你處於這種模式時，任何人際關係的問題都不會得到解決，而且你很有可能會讓事情變得更糟。

很不幸地，腎上腺素的目的是，讓我們無論如何都感到力量強大和信心十足。一旦它開始對你的大腦產生影響，就會讓你相信，它知道如何一勞永逸地解決這個問題。你不只會感到強大；你很**確定**該怎麼做。無論好壞，腎上腺素都會消除自我懷疑，這種確定的感覺讓你不會三思而後行。

如果你面對的是人際關係問題，三思而後行是明智的策略。你的目標不是消滅對方，也不是讓他們永遠構不成威脅，而是與他們一起解決問題。如此一來，你們還是可以在晚餐時交談。有的人對強勢態度的反應是抵抗和憤怒，這樣就是**兩組**具有攻擊性的腎上腺素在互鬥。

這個經驗法則值得一試：如果對方不是熊，請無視腎上腺的慫恿。如果問題涉及你愛的人，而不是毛茸茸的大型猛獸，那麼最好把腎上腺素暴衝的感覺當作是停止攻擊並撤退的信號。告訴你愛的人，你需要一點時間思考，然後就去好好思考。問問自己，你想要得到什麼樣的結果。如果你要的是解決方案，而不是難受的感覺，先檢查腎上腺的狀態。如果你發現激素正在噴發，你要忍住脫口而出的衝動，重新把注意力集中在你希望得到的正面結果上。

透過練習，你就能深呼吸，在精神上脫離腎上腺素帶來的過度興奮。記得要盡量想著你真正要的東西（和平的解決方案），而不是腎上腺要的東西（戰鬥）。一旦腎上腺開始發揮作用，就該撤退了。

56

珍惜你的關卡守衛

只要嘗試值得做的事，關卡守衛就會出現。

新冒險有個模式可遵循，所有最精彩的故事都來自於此。回頭看看你最喜歡的電影或書籍，就會發現這個模式，即使你當初樂在其中，並沒有意識到它。這個模式稱為「英雄旅程」（hero's journey），在約瑟夫．坎貝爾（Joseph Campbell）的經典著作《千面英雄》（*The Hero with a Thousand Faces*）中描述得最為詳細。英雄，也就是故事中的主角，受到召喚，然後出發尋找某個珍貴的東西。對《奧德賽》（*The Odyssey*）的尤利西斯來說，他渴望的是在戰後回到家鄉；對傑森來說，他渴望的是金羊毛（Golden Fleece）；對你來說，可能是找到新工作、獨自生活、上某一門課程，或是從疾病中康復。當我們慢慢進入陌生的領域時，就連衰老都是經典的英雄旅程。

但陷阱暗藏其中。在英雄啟航並實現夢想中的任務之前，他們會先遇上關卡守衛（threshold guardians）。關卡守衛唯一的目的是測試你的膽量，看看你是否準備好迎接自己的英雄旅程。只要你嘗試值得做的事，關卡守衛就會以各種形式出現。光是願意接下挑戰還不夠——你必須說服關卡守衛，你有足夠的能耐。

很多人發現，實現夢想比想像中來得辛苦，就會打退堂鼓並失去勇氣。你可以從他們的眼神中看得出來，他們第一次意識到，這條路沒有看起來那麼好走。他們的表情說明了一切：**事情不該這麼難搞的**。等等！事情就是這麼難搞！這就是重點！任何有自尊心的關卡守衛都不會不刁難你，就讓你大搖大擺地過上新生活。尤利西斯必須先智取獨眼巨人和解決其他威脅，才能返回家鄉；你則是需要面對沒有回覆的電話、負面的評論和不足的資金，但英雄旅程的教訓都是一樣的：如果關卡守衛出現時，你放棄了，那麼永遠都得不到獎賞。

英雄任務告訴我們，最終的獎賞不是唯一重要的目的；同樣重要的是，每解決一個關卡守衛，你就會變得更強。當你對抗關卡守衛時，也看清自身的特點——不是每一個都令人欣賞。遭遇關卡守衛是發人深省的經驗，你會發現自己有多害怕和軟弱，以及擁有的期望有多幼稚，感覺就像個像受害者。你會很想退出，回去羨慕別人能得到想要的東西。

好消息是，**每個人**都會遭遇關卡守衛，沒有人可以倖免。關卡守衛的樣貌千變萬化，可能是車子在面試的路上臨時拋錨，也可能是糟糕的人際關係或低落的自尊。無論是哪一種，它們會試圖說服你，你根本沒有那個能耐，乾脆放棄回家算了。負面的自我對話就是關卡守衛的最佳例子，有個聲音會告訴你，為什麼你就是成功不了。

最大的祕密是，關卡守衛其實是站在你這邊的。如果你沒有先培養出勇氣和決心，他們不會讓你繼續前進。和嚴格的教官或難搞的教授一樣，關卡守衛讓你嘗嘗什麼是現實世界中的生存挑戰。如果關卡太容易，你第一天出去就會被打趴。要是沒有他們給你的磨練，你之後可能無法克服挫折。

如果你發現自己感到絕望或想要放棄，那就是遇到了一個關卡守衛。認出它，讓它知道你了解它要做什麼，然後請它讓開，繼續為自己追尋更圓滿的人生。這本就不好走，因為這是夢想家成為英雄的唯一道路。

57 美式足球的教訓

即使困難重重，還是能夠在有意義的掙扎中找到快樂。

我承認，我對美式足球的興趣和它所帶來的風險成正比。對我來說，季後賽和超級盃（Super Bowl）很令人興奮，一記萬福瑪麗亞長傳[3]或排除萬難的達陣[4]也是。但為什麼死忠球迷對平凡無奇的球賽也充滿熱情呢？

我問過一名球迷，對他來說球賽的哪個部分最有趣？一次推進幾碼的耗時掙扎？來來回回的攻防？緩慢地往一條不清不楚的線移動？這就像是盯著油漆變乾一樣。是什麼讓他和其他球迷連續幾個月看得如此入神？他說是「過程」。

他跟我解釋，對他而言，觀看比賽的過程跟球隊得了幾分一樣迷人和重要。緩慢擴張領土的精彩之處，在於看著鬥志高昂的球員奮力地往想去的地方推進，也就是對手的達陣區。

我心想：「啊，美式足球原來可以教我們這麼深刻的道理。」

能夠享受過程漫長而沒有立即回報的挑戰是人類的獨特之處。有很多活動，像是寫作、創作、育兒、健身和創業等等，都是前期要付出相當的努力，才能得到最終的回報或成品。就算進展龜速，還是得繼續嘗試。即使困難重重，還是能夠在有意義的掙扎中找到快樂。

美式足球緩慢又嚴酷的過程是有意義的，因為參與其中的人必須全力以赴來實現艱難的目標，這種運動充滿了堅持、策略、戰術和韌性。美式足球就是一種鍛鍊你受挫後迅速恢復原狀的運動。球員們還能教你，如何在沒自信時表現出自信的樣子，而且不管牆上寫了什麼字，他們都不會貿然放棄。比賽結束前幾秒，最後一次擺出的進攻陣式能充分展現出球隊強烈的意圖，即使失敗近在眼前也是如此。這種決心讓你的目標清晰，士氣高昂，無論是在球場內還是球場外。

⋯

3 在美式足球中，萬福瑪麗亞長傳（Hail Mary pass）指的是孤注一擲的長傳，因為這種傳球的成功率太低，用以比喻成功者像是有神明相助。

4 達陣指的是攻方球員帶球進入對方達陣區，或在達陣區中接住傳球。

美式足球告訴你，當你被其他也想要達到目標的對手衝撞時，該如何繼續前進。它也顯示出，你的願望和別人的願望同等重要，因此值得為之奮鬥。和所有運動一樣，美式足球肯定你有權追求你想要的東西，更重要的是它提醒我們，當你開始輸球或別人欺負你時，別讓自己成為受害者。

美式足球讓你知道，要贏很難，因為一大堆人也想要贏。你必須願意為自己的碼數而戰，因為其他人不一定會從旁協助。每當你覺得要輸了，下一步該做什麼很明確：準備好下一次進攻，並繼續追求你的目標。

美式足球還教你要多方面發展自我。有時在人生中，你會像明星四分衛[5]，在比賽的最後幾分鐘投出八十碼的傳球；或是像全速奔跑的跑衛[6]向後接球；但你也要訓練一部分的自己成為強壯的線衛[7]，能夠擋下對手或任何不利的情況。作為人生這場球賽的球員，當你摔倒、掉球或漏接時，可能會感到丟臉，但比賽無論如何都還是會繼續進行。沒有人總是表現得完美無缺。你要記住，在體育運動中，如果你**大部分**的時間都做得很好，那就是在扼殺它。

如果你想要多多享受美式足球，請留意這些教訓，了解當人生停滯不前時，該如何自處。去觀察並欣賞無聊但必要的陣型、徒勞無功的戰術，以及繼續推進的決心。除此之外，就算被領先，你要看看最好的球員在被人生擒抱時會如何應付。

美式足球給我們最大的教訓是什麼？當你只有四次進攻機會去推進十碼時，要好好把握。

⋮

5 四分衛是整個球隊進攻組的核心，也是美式足球最重要的位置之一。

6 跑衛是專職進行持球跑動進攻的球員，通常排在四分衛的後面或旁邊。

7 線衛的主要工作是判讀敵隊的進攻戰術並行動，是美式足球中主要的防守位置。

58

人生的學費

如果你把後悔視為智慧的頭期款，那麼犯錯會讓你覺得好過一點。

一位朋友告訴我們，她為了擺脫一筆不理想的房地產交易，賠上押金並放棄了一切。雖然她認為自己應該為金錢的損失而感到難過，但實際上，她發現自己如釋重負，好險沒做出後悔的決定，逃過了一劫。另一個朋友總結：「那是你繳的學費。」損失的金錢讓她學到了這個教訓：盡快擺脫錯誤的決定。

這句話意味深長。我們能不能用這種方式看待人生？能不能別想著自己賠了多少錢，而是付錢學經驗？會不會生活的重點不在於永遠不做出錯誤的決定，而是學會事後如何善後？

當然，人生要繳的學費不是只有錢，可能是任何我們投資的頭期款，像是注意力、時間或精力。我們習慣認為投資要獲得可觀的回報，才算是好的結果，但這不盡然正確。人生早期幾個代價高昂的草率決定，可能是讓你變得更加成熟謹慎的入場券。只有一種方法可以知道做出魯莽決定是什麼感受：**付出代價**。

我們理所當然地接受「教育需要花錢」的觀念。有價值的學習幾乎沒有免費的。問問任何取得名牌學位或培訓證書的人。如果你想上貿易學校、私立學校或技術學校，都需要付費。想上大學或研究所也是如此。我們不會期待這種知識能免費傳授。但談到學習如何在這個世界上當個有用的人時，我們卻認為自己早就應該知道怎麼做。犯錯時，我們會十分自責，但如果你把後悔視為智慧的頭期款，那麼犯錯會讓你覺得好過一點。

當然，就像你去上大學，在課堂上出席不一定代表你能拿到學位。犯錯不代表一個人能學到教訓。有些人漫不經心地繳了一堆人生的學費，除了選修課，什麼都不上，也從來不去想，為什麼同樣的老問題不斷發生。他們面對失敗只會聳聳肩，不痛不癢。他們缺乏好奇心，自我意識低落，他們擁有的是二十個一年經驗，而不是二十年的經驗。

重點在於犯錯的感覺要夠糟糕，讓你不想重蹈覆轍，但又不能糟糕到讓你對自己感到絕望。當事情不如你所願時，最好停下來問問自己從中學到了什麼，又繳了什麼學費。如果你從痛苦的經驗中汲取教訓，它們會為你創造更令人滿意的生活。

在很多情況下，你最後悔的經驗，那些充滿悲傷或尷尬的經驗，也是讓你更加認識自己和他人的經驗。這種知識會用特別的力量打擊你，讓真實的樣貌重新回到焦點，破除幻覺和扭曲。雖然很痛苦，但這種認知絕對值得付出代價。學費很貴，但當你開始對事物有正確的認知時，自我成長的幅度會相當驚人。人們付錢上心理治療的課程，就是希望能得到這樣的經驗，釐清為什麼在生活中一直犯同樣的錯誤，以及如何找到更有效的解決方法。

所以下一次當你做出糟糕透頂又所費不貲的決定時，把它想成是支付教育費用吧。你可能會覺得自己有資格在「犯愚蠢錯誤」上獲得博士學位，但別因此不去修學分。若是出了差錯，對自己進行測驗，從中學習並取得好成績。這樣一來，繳學費就很划算了。

10

減輕壓力

你可以換一種方式看待人生，舒緩一下，找到更自然的節奏。

要減輕壓力，最好的方式之一是採取自我同情的觀點。別再批判和挑毛病，你可以更溫和地對待自己。

59

你對壓力上癮了嗎

你感到內疚和懶惰，因為沒有時時刻刻做有建設性的事。

有癮頭的人都會告訴你，在奪走他們的生活之前，成癮物一直都讓他們感覺很棒。如果這些成癮物是酒精或古柯鹼，那很容易理解，但對壓力上癮也是同樣道理。壓力通常被認為是負面的東西，你會懷疑它怎麼可能讓人上癮並沉迷其中。當然，不是每個人都會對壓力上癮，就像不是每個人喝了第一口酒，生活就會因此改變，但對容易受到影響的人來說，壓力荷爾蒙的激增也可以是令人陶醉的感受。

壓力會刺激我們產生更集中的感官注意力，加快認知的速度。我們背負的許多責任可能讓我們感到自己很重要：會有一種急迫感為生活帶來意義，讓我們推著自己完成所有事情。就像在玩高額的賭注，有那麼一點點浮誇，認為沒有人能像我們一樣，把需要做的事情做得

那麼好。如果我們試著放慢腳步，或是不要給自己太大壓力，就會開始感到有點低落和空虛，那種憂鬱讓人不舒服，實際上就是成癮的戒斷症狀。

你可能沒有意識到自己沉迷於壓力或任何麻醉劑，因為時間越長，就會越適應它，看起來幾乎不會受到影響。舉例而言，我聽說有些人千杯不醉，因為他們可以喝整晚像沒事一樣。問題是，那些真的很會喝的人已經喝酒喝了很長一段時間，身體早就適應了。壓力過大的人也是如此，他們很自豪可以忙個不停又保持生產力。這種高強度的活動和停不下來的投入開始讓人感覺像是常態，而不是警訊。

成癮的問題在於身體的耐受性不斷上升，但破壞性和致命性保持不變。這表示我們的身體可以承受的成癮物質劑量有一個上限或天花板，**不管你有沒有感覺到它的影響**。因此，沒有注意到這一點的人，還是有可能接近危險邊緣。

壓力也是如此。一點點的壓力會讓人覺得有挑戰性和振奮，意義性、目的性和重要性通常都會上升。但隨著生活的責任逐漸增加，你開始習慣承受越來越大的壓力。保持忙碌和感到壓力開始變得像是正確的生活方式，彷彿少做一點就會讓自己變得一文不值。不過，和藥物或酒精一樣，不管有多習慣，你對壓力的承受能力還是有上限。與壓力相關的症狀，像是焦慮、失眠、暴飲暴食、擔憂和注意力不集中，會在壓力「過量」的第一階段出現。接下來，身體達到極限，系統開始受到損害。不過，對壓力上癮的人始終看不見他們的生活方式與這些症狀之間的連結。活在高壓之下，感覺再正常不過。

如果你是這樣的人，你對壓力和自我批評的感受會特別強烈，而且會想用癮頭來讓自己分心，舒緩這種感覺。你可能有一個刻薄的內在聲音，很會吹毛求疵，要求又特別高，它告訴你，你還沒有證明自己的價值，光是活著並不夠。酒鬼喝酒是為了讓那個聲音閉嘴，壓力狂則是工作和擔心到死，讓自己能夠永遠領先這位內心的法官一步。身為壓力狂，你可能只有在忙得不可開交時才會覺得自己有價值，並偷偷希望別人會對你滿檔的行程感到印象深刻。

不管是物質還是超人般的責任，任何癮頭真正讓人上癮的地方是麻痺你對自我價值和被愛的深層懷疑。對成癮者來說，愛是很講條件的，而壓力狂會潛意識用忙碌過勞的生活，來說服自己做得已經夠好。但最終，當你不斷努力要贏得別人的尊重時，你的癮頭會導致嚴重的自我忽視。

對壓力上癮的人通常很難放慢腳步，把責任和活動減少到比較合理的範圍。你感到內疚和懶惰，因為沒有時時刻刻做有生產力的事。不過，當你終於願意放多一點注意力在你的感受和需求時，可能會很驚訝地發現，自己變得多麼麻木。你終於意識到，只有忽視身心痛苦的警訊，才有辦法駕馭瘋狂的工作量。如果你能重新與內心建立連結，就會開始注意到壓力帶來的痛苦並試著緩解，以免造成永久的傷害

努力擺脫過度的壓力是值得的，因為就像任何癮頭，對壓力上癮會讓你忽視別人的情感需求，而你也是如此對待自己。與他人建立有連結的情感生活，代表把步調放慢到能夠與對方共享時光，而不僅僅是在他們周遭從事活動。要從高壓的習慣中恢復過來，就別再用不可能的高標看待人生和自我價值，並學會疼愛和支持自身的存在。如此一來，你也會對別人更加和善，這是戒掉成癮的成功跡象。

60

花九十秒讓自己感覺變好

為什麼情緒低落會持續這麼久？

我們都是「戰鬥或逃跑」的專家，大腦動不動就會引發這些反應。一旦我們感到一陣恐懼或憤怒，可能就很難平靜下來。事實上，這兩種情緒一旦形成，是最難擺脫的。但根據腦科學家吉兒・伯特・泰勒（Jill Bolte Taylor）在《奇蹟》（*My Stroke of Insight*）一書中的說法，這些令人激動的情緒從被引發、發酵到消失，只需要大約九十秒的時間。

不過，多數人的焦慮或憤怒不會只爆發一分半鐘。我們的焦慮可以持續一整夜，憤怒可以好幾天都揮之不去。但如果一種強烈的情緒可以在兩分鐘內湧上又消退，為什麼情緒低落還會持續這麼久？

原因是當我們生氣時，會找更多的理由繼續生氣。恐懼也是一樣。如果我們感到害怕，就會一直用恐懼的眼光看外面的世界。放太多注意力在痛苦上，痛苦的感覺就會超過保存期限。我們就是這樣維持憤怒的情緒，並不合理地放大恐懼。

由於情緒是我們體內一種強烈的神經化學活動，所以我們會本能地去認真對待它。只要大腦噴出一些神經傳導物質，我們對世界的看法就會完全受當下的情緒影響。我們通常不會去懷疑自身情緒的真實性，如果感受到了，就是真的。我們接受表面上的直覺反應，然後再找理由繼續不爽。

即使身心健康因此受到影響，我們通常還是不會認為自己可以有所選擇，依然相信情緒會告訴我們真實的情況。如果這代表我們必須與糾結的腸胃和劇烈的頭痛共存，那也沒辦法。我們會把感受放大，對自己說一個令人不舒服的故事來強化情緒反應，然後越陷越深，就像在看一部引人入勝的電影。我們原本的情緒現在有了無數演員的支持。我們和最傑出的編劇一樣，擁有個人情感故事的專利。

你是否對某件事做出反應並不重要，重點是你接下來會**做**什麼。你的生理機能在前九十秒可能無法讓你有太多情緒選擇，但之後你會有什麼感受，絕對取決於自己。你可以做各式各樣的事情來讓自己感覺變好，例如：檢查你的感受是否為真，尋求建議和情感支持，找到解決方案；或想辦法讓自己平靜下來。只是不可能在九十秒內做完這麼多事情。

在情緒當下，九十秒就像一輩子。想想上一次你感到灰心喪氣是什麼情況，現在想像一下，帶著那種感受坐下來，數到九十。慢慢數。在那九十秒，你可能不太相信自己很快就會感覺變好。但我想讓你知道的是，只要不刻意去延長情緒發酵的時間，你就會冷靜下來。

很多人擔心，放棄強烈的情緒反應會讓他們變得了無生氣，一旦開始管理情緒，自己會乏味得令人生厭。他們認為心煩意亂代表生活過得很充實，但實際上顯示的是壓力爆表。這些人誤以為腎上腺素飆升才是活著的感覺。

下一次你發現自己情緒即將失控，想想「九十秒規則」。你可能必須先忍受九十秒的腎上腺素作用，但之後你可以選擇讓自己感覺變好。達到平靜狀態的最佳捷徑，就是記住：對發生的事情抱持強烈的意見不會有任何幫助。即使在一開始的九十秒感覺不出來，但只要你不去加強負面想法，事實上可以好好地面對問題、順利解決並繼續過活。

管理情緒是一項相當重要的技能，可以提高自尊心和生活效率。即使你是一個非常情緒化的人，也可以用大腦來縮短鬱鬱寡歡的時間。下一次當你陷入強烈的負面情緒時，試著數到九十而不是數到十，並給自己一個機會決定要讓這個不愉快的事件成為短劇還是長片。

61

批判不能當飯吃

當你放棄批判的想法時，你減掉的重量將是世界的重量。

批判就像垃圾食物。噢，真是太好吃了！洋芋片只吃一片不夠？那來點批判的想法吧，它有一種又鹹又脆的滋味。要不是有討厭的後遺症，我可以很輕易地把它當一頓飯吃。認為某個人很糟糕、愚蠢或卑鄙就像吃爆米花，一口接一口，不知不覺就吞下一大碗負面想法。要一邊看電影、一邊漫不經心地嚼著零食很容易，我們的腦袋也是，它可以處理日常活動，同時永無止盡地想著誰對誰做了什麼，哪個人又有多壞。

理論上，我們不必去多加那一句道德上的責備，也可以保護自己並提防有問題的人。這樣就夠了，但人們總是要再更進一步。誰叫對方要傷害或激怒我們，我們一定要對他們的人格提出精神控訴。

在批判的心態下，我們會津津有味地使用與病症或排泄物相關的詞彙來定義別人缺點。相信我，心理健康領域充滿了用來罵人的術語。但我們的文化也是如此，負面分類永遠不嫌多。

不過，有趣的一點是，負面分類的道德批判對事情毫無助益。有的話，人類生活中的各種問題早就都解決了。數千年來，仇恨和憤怒一直被用來解決問題，加上大量的暴力來執行批判。但在某些時候，問題還是需要被解決。通常這代表最終要走到和平的談判桌前，或至少控制住我們的怨恨。

如果批判在情感層面上不是那麼讓人心滿意足，我們完全可以跳過它，直接進入解決方案的部分。我們可以退後一步，分析問題，達成某種決議。不過，當情感與理智互相較量時，情感往往會獲勝。理智沒那麼有趣。大腦的酬償中樞（reward center）對冗長細膩的利弊得失清單不以為然。理智可能比較會處理現實，但它不會點亮大腦的情緒熱點，也不會讓你被沖昏頭地認為自己比其他麻煩製造者好到哪裡去。

當你幻想那些冒犯你的人受到懲罰時，你會付出健康和快樂的代價。可以肯定的是，批判他人可能會讓你感到充滿力量，但懲罰的力量也是一種帶來壓力的力量。你會時時感受到威脅。

如果批判的想法一冒出來就馬上拋開它，你會有什麼感覺？你會覺得輕鬆多了，如釋重負。你會覺得一隻大猩猩從你的背上爬了下來。你會開始思考**你**想要做的事情，而不是別人做過的事情。那個冒犯你的人會變成過往雲煙，而人生會出現更多的可能性。你會開始思考自己和自己的人生，而不是為什麼每個人都讓你看不順眼。與其把注意力放在這個人為什麼是個混蛋，不如問問自己：「我希望事情能有什麼結果？」

如果你放棄用垃圾食物排解挫折感，你會減掉不必要的體重。把批判當飯吃的習慣也是如此。當你放棄批判的想法時，你減掉的重量將是世界的重量。如果你別老是專注於接下來要批判什麼，你會發現其他更有趣和更有價值的事情。就像你吃再多的垃圾食物都無法真正解決問題一樣，你做出再多的批判也不會讓世界變得更美好。再說，你只需要負責讓自己的內心變得更美好。遠離垃圾食物般的批判就能做到這一點。

62

克服社交焦慮

社交焦慮來自於想要讓別人喜歡自己。

大部分的人來到新的社交場合都會有點緊張，這只不過是人類會有的正常反應。但有些人一想到要面對一群人，就會怕得不得了。社交焦慮會讓你特別在意別人如何看你，過度擔心自己留給別人什麼樣的印象，無法好好地體驗當下。你覺得微乎其微的失態或缺陷都會被放大檢視，人際互動就像一場測驗，判定你及不及格。

針對這樣的情況，常見的建議是別想太多有關自己的事，多多去注意他人。但當你極度焦慮時，這可能很難做到。焦慮讓你想要自我防禦，而不是展現好奇心。端看你是什麼樣的人，你可能會強迫自己去交際應酬，或是悲慘地退到一邊，等待一切結束。

社交焦慮來自於想要讓別人喜歡自己。你被困在自己的腦海中，至於在生理方面，你只會注意到那一股令人反胃的恐懼感。焦慮會讓頭腦過度活躍，想關也關不掉。要解除這種焦慮，就必須把精力從「擔心未來」轉移到「觀察現在」。除了評估自己受人喜愛的程度之外，你還要給大腦另一個任務。

轉向正念的心態能讓社交焦慮漸趨平靜。正念是一種冥想技巧，你可以把注意力放在內心的變化，並讓它像雲朵穿越天空一樣在你身上移動，不去批判或輕推它；只是冷靜務實地觀察它。重點不再是讓別人喜歡自己，而是練習主動的冥想，客觀地去注意**此時此刻**內心和周圍正在發生的事情。

當然，焦慮的人很少會想到要這麼做。一旦你感到焦慮或不自在，就會開始催促自己動起來。你告訴自己要表現得受人歡迎，看起來很開心，或是趕快找人聊天。

相反地，你可以試試不同的作法。首先，告訴自己，你光是能站在那裡呼吸就已經很棒了。將意識（它讓你焦慮）移出腦袋，專注於腳踩在地板上（它讓你穩定）和用胸腔呼吸（它讓你找到重心）的感覺。利用心數（HeartMath）呼吸技巧，假裝你的胸部有一個巨大的鼻子，你正在透過心臟呼吸，在每次吸氣和吐氣時，對自己說「冷靜」或「和平」。用鼻子吸氣，然後慢慢地吐氣，讓心跳慢下來。想想某一段你感到安全、快樂和感恩的簡單時光。你沒有逼迫自己，也沒有考慮下一步該做什麼；你只是**在場**，像個有知覺的家具一樣寧靜。如果你的腦袋開始擔心或批判，注意這個想法但別執著於它，然後安靜地繼續用心臟呼吸，專注於腳踩在地板上的感覺。

看看你的周遭。別刻意去做，而是讓環境引導你的注意力。你有注意到任何引起你興趣的東西嗎？有什麼人事物吸引了你？花點時間讓行動自然發生，別試圖製造它。在整場活動中，想像你是自己的同伴。你為了自己而來，自己跟自己結伴同行。當你安全地感受到自己的陪伴時，關注身體的存在並注意周遭環境。

把思想從批判轉移到愛。運用心的能量而非腦的能量來應付狀況。別讓大腦高速運轉，放鬆下來，讓自己變得溫暖柔軟。當你與某人交談時，想像你們心的能量往外移動到彼此之間，在中心點相遇。你正在傾聽和參與，但你真正的目標是去注意和享受那一股無聲的能量匯流。接觸過後，你會平靜地回去體驗自己的完整性，然後注意是否有其他東西吸引你。如此一來，你就能運用想像力來安撫而非嚇唬自己。

這個方法絕對行得通。你的目標從「努力討人喜歡」變成「專注於心的能量相遇的中心點」。只要有一次像這樣的接觸，活動就成功了。你只需要這麼做：一次跟一個人練習。社交接觸因此成為了賦予能量的冥想機會，而不是令人筋疲力盡的表演。一切都按照應有的方式發生，這就是用愛引導的感覺。只要想像心的能量相遇時完全接納彼此，就沒有什麼好害怕的了。社交焦慮變成了平靜的存在。

當心你的機器思維

對機器思維來說，沒有什麼比完成任務更重要。

和所有人一樣，你有兩種思維，其中一種在意關係和經驗，另一種像機器一樣，一心想達成目標。兩者都需要充分發揮，但由於**機器思維**相當霸道，它們經常失去平衡。你可以想成是兩個手足被迫住在一個封閉的空間，其中一人愛做白日夢又容易屈服，而另一人作風強硬又實際。強硬的人很容易占上風並掌控全局。機器思維可以接管一切，因為它做得到。一旦這麼做了，它就會讓你相信，人生中最重要的就是把事情**完成**。

你的機器思維（主要位於左腦）只在乎任務能不能完成，不在乎要承受多少壓力。它最喜歡設定一個目標，然後去實現。它蔑視右腦較溫和、重視關係的作法，認為敏感的情緒只會扯後腿。機器思維無法忍受障礙、延遲或混亂，它想要直奔終點，誰都別想擋路。當其他人想要參與其中時，機器思維會勃然大怒。當目標完成時，隨之而來的滿足感會告訴機器思維，這一切都是值得的（即使事實並非如此）。這種強大的成就感會讓大腦不斷去尋找下一件要完成的事情，而在意關係和經驗的思維則被推開。

不過，當機器思維被想要玩耍的孩子，或想要聊聊的伴侶打斷時，會發生什麼事？當朋友想要聚聚，但機器思維正全神貫注地做著某件工作時，又會如何？對機器思維來說，沒有什麼比完成任務更重要，其他事都可以之後再說。一旦你陷入這種心態，即使是最親密的關係也會感覺是不必要的干擾。你會期待別人發現自己的任務有多重要。要是別人無法體會你工作有多辛苦，以及還有多少事要完成，你會感到不耐煩和不爽。他們難道**看不出來**你有多忙嗎？

機器思維總是覺得時間不夠用。時間不是用來揮霍和享受的，它需要被盡量縮短和控制，因為你永遠都不會有足夠的時間，來完成機器思維提出的所有任務。對機器思維而言，兩點之間最短的距離是一條直線，意圖像雷射光束一樣明確，這樣的生活感覺就像壓力鍋。你總是可以更快、更有成效。生活變成了一份績效報告。人生的意義被簡化為尋找哪種方式，讓你能花更少的時間來完成更多的事情。

你從完成任務中獲得的樂趣是很強大的，但它的半衰期很短，不會一直持續下去。這樣的樂趣會以驚人的速度消失，就像吸毒一樣。那是因為它沒有「心」，沒有與世界和他人產生連結的溫暖明亮感覺。與重視關係和經驗的生活方式相比，它無法提供長期的營養，只有吃了糖後的興奮感。

我們人類天生就會透過享受世界的美，以及與彼此和其他生物的有益互動來補充自己的情感能量。從神經學來看，這種「關係思維」是我們的根基。原本機器思維的用來解決問題和完成工作，以保護這些關係能量的主要來源，但機器思維會讓人上癮。比起關注他人、動物或大自然，完成清單上的任務更能提供立即的滿足感。

與機器思維的直線風格相反，當你與周遭建立起聯繫時，你的思維會很自然地以波浪和圓圈的方式移動，不斷重複、重溫、為以前的素材添加新的色彩、在探索過的事物中發現更多細節、擴大、加深並尋找細微的連結。在這種放鬆的心態中，你關注事物的方式，就像在事物的周圍用深情依附的卷鬚纏繞。關係思維的目標不是**達到目的**，而是充分體驗當下的每一刻。

下一次當你發現自己陷入完成任務的壓力時，要練習短暫的抽離。盡量和你周遭環境及其他生命建立連結，來讓生活取得平衡。把自己從壓迫感解放出來，沉浸在你覺得溫馨美好的事物中。如果是孩子、伴侶、朋友或寵物，那更好，他們可能就是你拼命把事情完成的真正原因。

64

停止自我批評

它能幫你實現你的夢想嗎？它的意見有沒有給你堅持下去的力量？它是否為你提供有用的、真的能讓事情好轉的新想法？

在你的腦袋裡，一件有趣的事情正在發生。你使用一種你不會容忍別人使用的方式對自己說話。問題是，你似乎沒有意識到，**你**就是說話的那個人。你在腦海中「聽到」的批評聲音，往往聽起來像是最高權威的聲音。最糟的是，它會以不斷升高的期望對你的自我價值提出意見。它要你完成的目標是會移動的，如果你達到要求，它就會再把標準提高。

腦袋裡的這個聲音就像一臺瘋狂的電腦。當你感到憂鬱、焦慮、沒自信時，一定是它在搞鬼。這臺微型電腦——或者更正確地說，電腦裡的軟體，很有可能是你小時候從情緒不成熟的父母那裡學到的規則、判斷以及下意識反應的混合物，也是你爸媽為了讓你成為完美的人，灌輸給你的觀念。他們用同樣的方式要求自己，結果可能比你好，也可能比你糟。由於他們從來沒有質疑過腦袋裡自我批評的聲音，因此也把它傳給了你。

你沒有發現這個聲音是壞情緒的來源，還以為聽從它會讓自己好過一些。只有爬到它為你設定的高度，你才會感到開心。你無條件地聽從這個聲音，因為你認定它會為你的最大利益著想。不然它為什麼要管你所有的想法和行為？絕對只是想要讓你變得完美無缺。

在現實生活中，如果你認識聽起來像這個聲音的人，你會盡快遠離他們。即使你不得不忍受他們的霸凌，心裡一定也會抱怨：「真是個混蛋！」不過，當這個聲音從腦海中傳來時，你卻毫無意見。你把它所說的一切當作至理名言。所以如果它前一分鐘說你應該為自己挺身而出，而下一刻又指責你過於咄咄逼人，你不會覺得自相矛盾。

這不是良心的聲音，而是批評的聲音。自我批評的聲音沒有整合、全面的觀念，只有一大堆當場做出來的直覺式判斷。它沒有要引導你的意思，只想讓你感到無能和渺小。良心希望你能依照自己的原則行事，進而提高自尊和自信；自我批評則試圖讓你懷疑自己，就這麼簡單。它不會指引你正面地看待事物（儘管它暗示你它正在這麼做），它唯一的目標是讓你越來越不信任自己。

為什麼？因為自我批評是專制權威內化的聲音，而暴君不會讓任何人有自信地維持清晰的思路。無論這個暴君存在於外面的世界還是你的腦海裡，都只想成為被關注的焦點和所有決策的源頭。不管它說什麼，你都得照做——就算沒道理也得做。當這個聲音促使你追求互相衝突的矛盾目標時，你的腦袋會充滿困惑和不確定性。

為了擺脫自我批評的聲音，你必須問問自己，它正在幫助你還是阻礙你建立你想要的生活。它能幫你實現你的夢想嗎？它的意見有沒有給你堅持下去的力量？它是否為你提供有用的、真的能讓事情好轉的新想法？還是不停地挑你毛病，在你情緒低落時踢你一腳？（這種作法會讓人變得更堅強嗎？）

這個批評的聲音永遠不知道何時該罷手。事實上，你越低落，它就越強大。它似乎可以藉由貶低你來獲得力量，和任何暴君一樣，彼消我長。

下一次它說話時，注意它的價值觀是什麼。舉例而言，如果它不斷嚴厲譴責你犯錯，它的價值觀就是認為「人們應該要因為犯錯而受到無情的懲罰」。現在問問自己，這是否符合**你的**價值觀。你會這樣對待另一個人嗎？面對別人的小錯誤，以極盡所能的侮辱和人身攻擊應對，這是你珍惜的價值觀之一嗎？你是否有意識的認為「唯有好人才是完美的人」？（我想到一、兩個暴君的確有這樣的觀念。）

這個聲音來自你的過去。你認不出這個聲音，是因為它現在用你的聲音說話，但一開始它來自你之外的人。在童年時期，你聽見了許多批評，然後把它們內化成對待自己的態度。你聽到別人怎麼對你說話，或看見親人怎麼對待自己，便開始用同樣的方式自言自語。不管是哪一種情形，道理都一樣；有人向你示範，當你犯錯或沒有達到標準時，應該如何猛烈抨擊自己。

獲得解脫的最佳方法，就是將批評的聲音「外化」。把這些聲音推回外面，好好地審視它們。駁斥這些吞噬人的信念對你有好處。幸好，你內心有一個敏感的觀察者，可以分辨「被幫助」和「被打擊」之間的不同，它會問你真正重視的東西是什麼，人生又想往哪個方向走。這些重新定位的問題會非常有效地呈現出，自我批評的聲音有多像一個糊塗又自私的暴君。

在這個生命階段，你可以決定如何對待自己。如果你用壓力和批評來對待自己，你會感覺很糟糕，提不起勁完成任何事；如果你以尊重和引導的態度善待自己，就會有希望和能量真正改善生活。

你的首要之務是逮住自我批評的聲音，並意識到它對你不利，永遠都無法讓你進步。下一步是刻意將想法重新集中在生活的目標，以及對你來說最珍貴的東西。一段時間後，這種正面的思維將引導你的人生，而自我批評的暴政將被淘汰。在你的內心世界中，你可以選擇自己的領導者。

65

追求完美

如果你用不切實際的標準要求自己，也會對他人抱有不容犯錯的期望。

理想可以幫助你成長，但你必須謹慎挑選。理想是完美主義的僕人。如果你拼命想要去實現誇大的理想，可能會導致壓力、困惑和憂鬱。舉例而言，如果你想扮演完美的父母、配偶或甚至是員工，可能會擔心自己是否能達到理想標準而筋疲力盡。這種理想實際上是你所聽、所見的大雜燴，甚至反映出你有多不想重蹈情緒不成熟父母的覆轍。這些理想很少受到質疑，你這麼努力試著達到要求，卻不去想它們會如何影響你的人際關係。

理想主義是進入完美主義的第一步，而追求完美的觀念往往讓人們以某種方式受到懲罰。如果你用不切實際的標準要求自己，也會對他人抱有不容犯錯的期望。如果你追求完美，即使是下意識的，也總是會看到別人沒有把事情做好。

追求完美的動力可能在早年就出現，父母皺眉的表情或冷漠的情感讓你知道犯錯是不好的。儘管父母不一定有意這麼做，但你接收到的訊息就是「只有變得完美，才值得被愛」。犯下錯誤或造成失望可能導致父母在情感上抽離，這是任何孩子都無法長久忍受的。如果愛與親密感一定要和成就掛勾，那麼你會相信，為了獲得愛與情緒安全感，「變得完美」是唯一可靠的途徑。

如果你的父母用過高的標準來要求你，請記住，這從來都與你無關。父母也曾經是孩子，如果他們不努力做到完美，也會害怕被否定。你把雙親當成權威人物，但他們也有自己的童年恐懼。只要培養出一個完美的孩子（你），就能讓他們覺得自己有機會獲得愛與接納。（難怪他們對你犯的小錯誤會如此生氣。）當你不完美時，他們會感到沮喪，因為你的錯誤喚起了他們小時候缺乏安全感的記憶。他們擔心你的缺點可能代表**他們自己**很糟糕。

不管父母怎麼賞罰，孩子都不會因此變得完美。但孩子可以對小小的**進步**感到開心，而父母可以為他們指引一個好的方向。當孩子或任何人犯錯時，健康的反應是釐清接下來需要做什麼，並把它當成一次經驗。如此一來，你可以從經驗中學習，而不會因為自己不完美而背負不合理的恥辱。

與其追求完美，不如欣賞自己小小的進步。你所能做的，就只有這麼多！這裡進步一點、那裡進步一點，比每一次都試著要大獲成功來得實際多了。不如放下對完美的盲目追求，看清它的本質：它讓你動不動就受到懲罰，達不到最高分就是不及格。犯錯絕對不會讓你不夠格當一個好人。事實上，這代表你剛剛好適合這個非常不完美又進步緩慢的世界。

66

找到自己的節奏

做個深呼吸，慢慢地吐氣，緩和下來找到自己的步調。

每個人都有不同的節奏。有些人喜歡有條不紊慢慢來，有些人則像野兔一樣，持續不斷地從一件事迅速跳到另一件事。在現代文化中，最忙碌的多工者最受到推崇，他們做事如此快速和勤奮，充滿動力又能一心多用。潛規則告訴你，你應該要在最短的時間內做最多的事。荒謬的是，你相信你做得越多，就應該要試著做得更快。

你第一次學會催促自己是在童年時期。作為一個孩子，你的動作比周遭的大人慢，頭腦也轉得不夠快。他們會叫你快一點，別再磨蹭，他們要求的速度對你年幼的大腦來說是不自然的。你的父母可能告訴你，花正常所需要的時間把事情做完，就是不乖或是懶惰。你把這種信念帶到成年時期，忽視疲勞和壓力警告你一下子做太多了。你失去了正常的節奏感。

你的大腦被設計成一次只能做一件事，即使你有辦法在不同的事情之間快速轉移注意力。不過，這種切換動作會讓你付出代價，因為決定接下來要把注意力移往何處的大腦部位運作起來相當耗能。你要耗費大量的精力，才能製造出同時在做很多事情的假象。這種大腦切換的能量需求就是所謂的「壓力」，它在告訴你，該放慢速度了。

只要進入一個舒服的節奏，壓力就會消退，這就是你的大腦該有的處理速度。如果你強迫自己超速，壓力開始出現，大腦就會變得遲鈍。因此，你要做的事情越多，範圍越大，就越應該放慢速度，以找到最適合的節奏。

當你試圖強迫大腦運作時，很快就會覺得即將爆炸。這對你的大腦、心血管系統、胃酸和腎上腺都有害。壓力荷爾蒙和升高的血壓都是身體在告訴你，不能用拼命做事來證明自己的價值。隨著時間過去，你對大腦壓力的反應敏感度會大幅降低並被忽視，導致你再也搞不清楚自己需要多少時間來做某件事，你很有可能沒有分配足夠的時間，來舒服的做一件事。

別再給自己無謂的壓力，找尋你真正的節奏吧！最佳的節奏是能夠讓你靜下心來舒服地做事的節奏。當你關注自己對壓力的反應時，就會發現一種節奏，毫不費力地完成任務。一旦你感覺到胃開始糾結，或頭頂變得緊繃，趕快停下來，注意你正在經歷的壓力。做個深呼吸，慢慢地吐氣，緩和下來找到自己的步調。

做個實驗，將任務分割成幾個小部分，讓自己得以輕鬆愉快地去一一完成；或是幫自己計時，看看在沒有壓力的情況下，完成工作需要多久時間。把注意力放在身體的感覺，創造更慢、更小的努力單位，不對系統造成壓力。當你不再疲於奔命時，你也會發現自己更願意做家務。

找到自然節奏的另一種方法，是用兩倍時間去完成一項任務。如果你認為某件事需要一個早上才能完成，那就規劃兩個早上。這麼做看起來很浪費時間，因為它違背了你所學習到的關於成功和高效的認知，但你最終會發現大腦需要什麼才能從容做事。

你可能會對這種作法嗤之以鼻，認為時間都已經不夠用了，怎麼可能再拉長。但在較長的時間內一點一滴地完成任務，你的壓力會減少許多，而且更輕鬆地做完一樣多的事，它們不會全部壓縮成難以消化的艱鉅任務，讓你不得不使盡全力。時間不是問題；要匆忙完成一項大工程才是。如果你意識到，做某件事所需的時間是你想像的兩倍，你就會樂於在較長的時間內循序漸進地完成。你的步調會比較舒服，所有事情也一樣會做完。掌握節奏，就能找到平靜。

11

善待自己

有個對待人生的祕訣可以讓你減輕壓力並提高滿足感。試試利用自我覺察和自我接納，來幫助你更清晰地思考如何解決問題，並依照自己的方式規劃生活。只要對自己抱有慈悲心，你就不會再害怕聽到別人的意見，或是把精力浪費在不必要的壓力上。

這個祕訣就是：只有善待自己，日子才會好過。

67

發生問題不是壞事

問題是現實中的待解之謎。

問題之所以發生，其實是大自然在告訴我們，這就是現實。不過，問題會引起焦慮，是因為它們通常來得出乎意料。

問題有自己的生命週期，它們會逐漸成熟，直到以某種方式獲得解決。你會有壓力要馬上解決問題，但如果你給它們空間充分顯現，解決方案往往會自己冒出來。問題需要時間發展和呈現，然後解決方案往往來自你手邊可以運用的資源，而不會是天外飛來一筆。解方將出現在問題所處的情況中，就像寫一個故事：你需要的所有字母都在鍵盤上，按正確的順序排列即可！

問題來自於原本就存在的東西。你可以把每一個新的問題想成是舊瓶裝新酒，就像一個緩慢移動的巨大萬花筒，正在翻滾成新的形態。當碎片再次落入有意義的模式時，解決方案就會呼之欲出。不管你多有耐心，在它成形之前，你都不會看見它。有時，你眼中的問題只不過是現實的轉變，時機到了自然就會排列成該有的樣子。

美國前總統凱文・柯立芝（Calvin Coolidge）曾經說過，「如果有十個麻煩衝著你來，其中九個在碰到你之前就會掉進溝裡。」但當你對可能發生的狀況感到過度焦慮時，就會自己跑過去找麻煩，把本來不成問題的事情鬧大。在看到全貌之前採取行動，你會變成問題的一部分，去推擠和抵抗可能會自行消失的麻煩。

你可能已經被訓練成總是把問題歸咎為某個人的錯，包括責備自己。你從情緒不成熟的父母或任何成年人那裡學會這麼做，因為他們以憤怒、責備或批判來回應你的錯誤，彷彿只要你更加謹慎，所有錯誤都可以被避免。這種責備會帶來恥辱，讓你害怕問題，因為你害怕犯錯。

責備讓你專注於問題本身，而不是解決方案。但如果你不再責備，而是面對問題中自己該負的責任（儘管微不足道），就能更順利地找出解決方案，因為這是你可以控制並處理的。

一旦問題有了充分的時間呈現出越來越清晰的面貌，你就可以開始思索接下來該怎麼做。最會解決問題的人不是很少遇到問題的人；最會解決問題的人不一定擅於「解決」，他們只不過是與眼前的困難建立起了友好、現實的關係。當事情「出錯」時，他們不會放在心上，就算可能當下不知道該怎麼解決，也不一定會試圖解決。首先，他們會深思熟慮，並權衡是否需要採取行動。由於他們不會對問題感到驚慌，所以能提出長期的解決方案，而不是衝動的權宜之計。

你最好接受這一點：問題會發生是無可避免的。然後和自己玩個遊戲，看看它們出現時，你能不能保持冷靜和積極的態度。當你面臨下一個問題時，告訴自己，最重要的事是繼續擁有信心。這會讓你在解決問題時放鬆心情，並下定決心維繫良好的自尊。如果你冷靜下來，給自己時間思考，問題就會迎刃而解。

套一句約翰．衛斯理．基德（John Wesley Kidd）的話：「在採取行動前，問題只不過是問題；在採取行動後，問題就變成了方案。」只要知道自己希望這個方案帶來什麼樣的結果，解決問題的過程就能如虎添翼。記得要退後一步，大聲問自己，你**真正**想要達成的目標是什麼。你的下一個行動會讓你更接近那個結果嗎？

遇到問題是壞事嗎？那面對現實也是壞事嗎？問題是現實中的待解之謎。如果你認為自己一開始就不應該有問題，那只會讓你陷入更糟糕的麻煩。問題要出現之前，不會先問你同不同意，它只是讓你看到你意料之外的現實。如果你能用接納和好奇的態度看待問題，最終得到的解決方案將會提升你的技能，並且為成果感到自豪。

68

把焦點放在追求結果

把焦點放在你想要的結果，而不是你面臨的問題。

我們很多人在小時候就被教導要先考慮別人，而不是自己想要什麼。你從自己和情緒不成熟的父母以及權威人物（例如：老師、宗教領袖或教練）的互動中，了解到要做個乖孩子，就應該在自己的願望和別人的願望背道而馳時做出讓步。你可能被告誡，一直嘗試去得到你想要的東西是無禮又自私的行為。但非常快樂和成功的人，從來不會失去「了解自己要什麼並去追求」的能力。心理健康和福祉來自於專注於你想要的東西。

遺憾的是，有些父母認為，教孩子順從他人的願望是在為他們成年後邁入社會做好準備，但這麼做實際上是在教孩子壓抑自己的慾望，而不是透過有建設性的問題解決方法來滿足那些慾望。他們告訴孩子，合作就是要放棄自己真正想要的東西，而不是有技巧地導向對自己有利的結果。

由於成年人的生活需要解決許多（涉及他人的）日常問題，因此被教導要壓抑自我會讓你處於可怕的劣勢。你很有可能會感到憤憤不平、無能為力，又無法捍衛自己的立場。你可能會認為，當更強勢的人想要為所欲為時，你別無選擇，只能配合；也可能會相信，你唯一的選擇是默默希望其他人能好心地關切你的感受。當衝突發生時，你會再度感到無助和委屈，完全沒有任何權力。結果就是即使出現了很正常的衝突，焦慮和恐懼也會把你淹沒。

如果沒有健康的自我保護意識，衝突會帶來非常不舒服的情緒，其中最嚴重的兩個反應是憤怒和憂鬱。憤怒滋生怨恨，憂鬱導致絕望。為了你自己的心理健康和福祉著想，最好一個都別體驗到。幸好，你還可以做出另一個反應，它讓你向上提升，而不是向下沉淪。

要怎麼樣才不會委曲求全？把焦點放在你想要的**結果**。回過頭來反思一下，並問問自己：「我希望這件事有什麼結果？」提醒自己專注於此，而不是當下面臨的問題。這會立即給你一個有建設性的目標，並讓你朝著這個目標前進，而不是把所有的注意力都放在自己與對方的分歧。接著，你會很自然地開始考慮，如何讓情勢往你要的方向發展。

你只是需要多加練習，在心煩意亂時思考解決方案和結果。過去你可能會認為，心煩意亂是遇到任何衝突的正常反應，而且無可避免。這或許是第一時間很自然的情緒反應，但你不會想要被困在裡面。你的感受很重要，但別讓它們掌握最後的決定權。要不要跨出下一步並專注於你設想的結果，完全操之在己。與其陷入無助和怨恨的漩渦中，不如發想出一個令你滿意的解決方案。

但是，如果你不能得到你想要的一切怎麼辦？如果你必須做出一些讓步，又該如何是好？要是妥協無可避免，別去糾結你可能不得不放棄的東西。試著問問自己：「我能從中得到什麼，值得我如此配合？」或者「我要怎麼讓它變成**我想做的事**？」這是公平貿易的古老原則。我不想放棄這一袋小麥，但如果你給我一枚金幣，我搞不好會改變主意。

一旦你準備好，就可以開始改掉這種自我打擊和委曲求全的習慣。你會從挫敗無力轉變為主動爭取理想中的結果。只要你練習把焦點放在「結果」，就會有更多靈感，想出更好的解決方案，同時把自己的需求也納入考量。

69

挑戰負面偏誤

你可以透過小小的冒險和探索告訴自己，不是所有新事物都充滿了響尾蛇。

我們的思緒很容易停留在負面的事情上。傷痛的記憶歷歷在目，恐懼的感受揮之不去。即使我們面對的是自己選擇的正面挑戰，但憂慮還是經常壓倒性地勝過期待。為什麼我們的思緒不能也停留在成功的互動，或特別值得信賴的人上？為什麼喜悅不會像恐懼一樣，以相同的力量闖入我們的情感意識？

答案是，我們的大腦很自然地會傾向於關注任何引起恐懼或焦慮的事物，也就是所謂的「負面偏誤」（negativity bias），心理學家對這種傾向進行了深入的研究。我們來到這個世界時，只有一些與生俱來的恐懼反應，其餘的則是後天學來的，但隨著我們不斷學習，我們會給予負面事物不成比例的關注和記憶。負面經驗具有不可磨滅的影響，正面經驗無法與之抗衡。一旦我們想起過去帶來痛苦的事件，它們就會閃爍警告燈。創傷後壓力症候群（PTSD）就是一個典型的例子，還有我們都有的經驗：後悔曾經說了或做了什麼輕率或尷尬的事情。

負面偏誤確保你的知覺系統以專制的方式對威脅做出反應。如果你看到潛在的危險，百分之百的注意力都會集中在那裡。此刻時間停了下來，而視野變得狹窄。舉例而言，如果你走進一間漂亮的客廳，便立刻注意到地毯上有一條扭動的響尾蛇，之後你可以回憶起這條蛇的所有動作和外觀，但關於房間裝飾的細節卻怎麼也想不起來。

這就是為什麼你可能需要花很長的時間，才能從痛苦的經歷中恢復過來。你的大腦不斷地喚起記憶，從細節中擠出越來越多的痛苦，好像深怕你會忘記並在下次看到響尾蛇時跑去摸牠，甚至是把牠帶回家這類糟糕的事。在一段關係中，一次重大的負面事件都可以迴盪好幾十年，即使在這期間，開心的日子比難過的日子要多上幾萬倍。能知道這一點是好的，如此一來，你便可以正確地看待失望的情緒，並記住人與人之間即使有強大的忠誠和信賴，還是有可能遇到困難的時期。

這並非要你去否認傷害，而是別讓負面偏誤以偏蓋全。正如詹姆斯・多堤（James R.

Doty）在他的著作《你的心，是最強大的魔法》（*Into the Magic Shop*）中所說的，「一個東西壞掉，不代表一切都毀了」。

負面偏誤對教養有深遠的影響。無知的父母經常相信，更多的懲罰能更有效地讓孩子不再調皮搗蛋，他們以為嚴厲的糾正，像是打屁股或叫罵，能讓孩子永遠學到教訓。但由於負面偏誤的關係，烙印在孩子腦海中的不是良好行為的重要性，而是父母很可怕。

負面偏誤有任何好處嗎？有的，它讓你記住來得措手不及的壞事，在未來更有警覺性。大腦對你是否感到安全或放鬆其實沒什麼興趣。安全感不能代替**安全**。

負面偏誤也可以幫助你記住中性的事物。由於焦慮會讓大腦亮起來並集中注意力，因此增添擔憂能加深印象。如果你在停車時，編出一個帶來一絲焦慮的小故事，就不會忘記把車停在哪裡。反覆確認周遭環境以避免迷路，也是同樣的道理。我們會意識到自己在繞圈子，是因為發現迷路之後，焦慮開始讓我們關注周遭環境。當我們回到同一個地方，會跟記憶裡完全一樣。無論是輕微焦慮還是重大威脅，你的負面偏誤都會不斷閃爍警告，幫助你保持警覺並留住記憶。

不過，重要的是，別讓負面偏誤支配你的生活。雖然它是原廠安裝的警告信號，但一旦它開始閃爍，負面偏誤就會影響你的過去並限制你的未來。可怕的想像會壓縮你的精神和能量，即使前進是絕對安全的，你還是會退縮。你的負面偏誤甚至會強化，變成對整體生命本質的錯誤信念，讓你處於一種收縮的防禦狀態。

當負面偏誤嚴重限縮你的人生時，最好的解決方式是去刻意接觸新的環境和人。你可以透過小小的冒險和探索來挑戰你的負面偏誤，告訴自己，不是所有新事物都充滿了響尾蛇。如果你不想辦法擴大視野，負面偏誤就會逐漸占上風，並對越來越小的事物發出越來越強烈的警告。

挑戰你的負面偏誤，好好跟它談一談。感謝它當個如此稱職的警告系統，但請它給你多一點信任，讓你去嘗試。向它保證，你會感激它幫你指出所有負面事物，但也讓它知道，要不要繼續前進的最終決定權落在你成年的理性腦袋，而不是原始的恐懼。當你做了新的嘗試，而壞事沒有發生，一定要讓負面偏誤知道。它傾向於忽視任何安全或好的東西，所以你必須確保它注意到事情進展順利。你可以與原始大腦進行談判，讓你在這個現代世界中的生活更加豐富。負面偏誤的作用應該是警示，而不是導航。

70 說自己的故事

只要意識到你可以做自己，你就做得到。

受過訓練的大象從小開始接受腿部被綁上繩子，到了成年後，即使牠們能輕易將繩子扯斷，依然會被它控制。年幼時，牠們學到不管怎麼嘗試，繩子都堅韌無比，不會放牠們走；現在，牠們多了好幾噸，但還是接受之前的教訓，把它視為真理。大象不會質疑這種情況，因為在牠的腦海裡，牠一直是同一隻大象。牠沒有意識到自己長大了，也無法客觀地看待大象和人類的相對力量，只能照著一開始學到的方式過活。

當人類還是年幼的野生動物時，也會經歷馴化的過程。小小人兒被教導自己是誰、生活該怎麼過。這些故事常常在家庭中代代相傳，有時透過真人真事和話語敘述來傳授，但也可能從母親的表情或父親的站姿中獲得其他蛛絲馬跡。

孩子會像海綿一樣吸收家庭的期望。他們想要取悅他人並獲得歸屬感。為了與他們重視的人增加情感聯繫，孩子會違背自己的本能。在社會學中，這叫做「習得文化」（learning the culture）。家庭故事教導你應該如何思考、感受和行動，告訴孩子如何融入和預測他人的反應。跟隨他人可以讓孩子減輕焦慮，並且更有安全感。不過，雖然一個人在小時候可能會去適應，但有生產力、有意義的成年生活不能建立在童年故事上。

透過不斷嘗試錯誤，你會發現自己在家庭故事中處於什麼位置，然後開始承擔被分配到的角色。如此一來，你會在親人的故事中逐漸入戲。你不知如何是好，可能認為這就是你的全部。和大象一樣，你可能不知道自己變得多麼強大。當你看待自己的方式和別人看待童年的你一樣，很容易低估自己。

你可能不喜歡活在這個故事中，但除非你真的去審視它，否則不會知道自己為什麼這麼不滿足。隨著時間過去，你可能會了解到，你正在扮演的角色讓你感到莫名地空虛和沮喪，即使別人告訴你，你應該要快樂才對。很快地，你開始好奇，屬於你自己的故事會如何發展。

幸好，我們每一個人的內心都有真實的故事，當你意識到你是個成年人而不是孩子時，這個故事就會出現。當你想到未來時，這個真實的故事會帶給你一種充滿興奮和希望的感覺，讓你找到人生目標並提升能量。你可以透過這種方式追尋你的成功故事。

但任何故事的好壞都取決於它所要表達的主題和價值觀。內在主題才是故事的重點。如果沒有明確的主題來說明你重視的東西是什麼，那麼你的人生故事就會變成插曲和片段的集合——在當下很有趣，但缺乏情節。除非它能夠支持你相信的價值觀，否則很難讓人感到期待和振奮。如果一個故事沒有主題，也就是說，你不懂什麼對你來說是重要的，你會從愉悅轉向挫敗，然後在兩者之間不斷來回，永遠得不到「知道自己想做什麼，然後去做」的快樂。

你是不是遲遲沒有更新你的人生故事？和大象一樣，你可能認為自己比實際上還要弱，忽略了你真正的力量，因為在心理上你還是感到青澀和無能。你在內心深處把自己視為長不大的孩子，一直想尋求認可和安全感，但你應該要做的，其實是建立成年人的身分認同。

為了不再成為家庭故事的俘虜，你可以想想看，在你的人生中，真正珍貴的東西是什麼。你會被什麼吸引？什麼話題能激發你的想像力？當你檢視人生時，什麼讓你感到自豪？你會為了什麼而戰？

這種自我反思可能需要花一點時間，但結果是值得的。只要喚醒你的成人潛能，巨大的能量就會被釋放出來。你覺得你可以做到任何事情。當你了解自己成長了多少時，就會看到那些細繩不過是一條繩子。所有無法做自己的理由都不構成理由，只要意識到你可以做自己，你就做得到。

如果你不去定義自己的人生主題和目的，就會很容易接受別人寫好的故事。只有你能確保，自己長大之後不會把靈魂交給別人。如果你不去創造和掌握自己的故事，只好讓別人去寫了。

71

生活處處有教練

不管是從哪裡學到的智慧，都是無價之寶。

人生教練可以來自任何意想不到之處。某天，我把汽車的時鐘調回夏令時間，但變更設定後，儀表板螢幕問我是否要儲存變更。這就像是車子在說：「你確定嗎？」不過，我並不感激車子如此徹底地確認我的意圖，只覺得它很煩。

煩躁的情緒告訴我，我沒有花時間去傾聽。我發現當我覺得煩的時候，可能正在用自己會後悔的方式倉促行事。對小事感到煩躁，通常代表我期待別人應該知道我在想什麼，而不是耽誤我的時間。如果花一秒按下「儲存」鍵都讓我覺得很麻煩，我的內心可能不怎麼平靜。在那個當下，我馬上意識到，車子發出的訊息根本不是關於時間設定——它實際上是一個信號，要我檢視自己的心境。如果儲存鍵就能惹惱我，或許我需要放慢速度。

車子的盲點偵測系統也讓我想起另一個重要的人生教訓：別把整條路都當作是你的。看看別人在哪裡，尊重他們所處的位置，能促進良好的溝通；看都不看就切進別人的車道，就像堅持自己是對的：你可能會對自己造成傷害。每次我們想要超車時，可以思考一下，哪裡可能有看不到的地方。多考慮一下別人，對我們自己的安全有好處。

我的車沒有我那麼衝動，它成功地教會我，在前進之前要設定意圖，因為除非我先踩剎車，否則它不會發動。我花了一段時間才學會這一點，因為我沒有把啟動和踩下剎車聯想在一起。但現在我看到了這個步驟有多值得我們關注。如果在出發之前，能夠花點時間停留在當下，會有更好的開始。在前進之前先暫停一下，是繼續前進的最佳方式。

和我的車一樣，電腦也是聰明的教練。它提醒我，就算有大容量的記憶體可以用，也不要認為所有東西都應該保存起來。每次關閉文件檔時，電腦都會提醒我有哪些選項；它總是問我，**要儲存、取消還是不要儲存**。我想我應該要在關閉之前儲存所有內容——但真是如此嗎？也許不需要把一切都存進記憶裡。

怨恨是一個很好的例子，說明將某些事情放在永久記憶中會產生不良後果。怨恨和自我批評就是不值得按下儲存鍵的事情。你可能很想為他人或自己犯下的每一個錯誤都創建一個文件，但如果你已經學到了教訓，這麼做還有什麼意義？你真的想把儲存空間都拿來放負面想法嗎？學會把思緒從責備和怨恨上移開是自我主宰的關鍵步驟，更何況，直接解決問題比懷恨在心更有意義。下一次當你心生怨恨時，也許應該出現一個按鍵，讓你選擇**怨恨、放下還是採取建設性的行動**。

你的電腦教練也會提醒你：不要還沒退出就斷線。如果我們突然關機，電腦會責備我們，一個小小的視窗會馬上跳出來提醒我們，在退出之前還有適當的步驟要做。電腦不喜歡事情沒做完，希望你能收拾好再離開，它知道任何脫離或關閉的動作都應該是一個有意識的過程。別直接一走了之，不然你可能會後悔。連電腦都了解，不留退路絕對不是一個好主意。盡可能在結束互動時保持友好的關係，這樣就不必擔心失去重要的東西。

雖然電腦和智慧型手機已經有許多防護裝置和警示，但還是有一項功能需要被發明出來。我很驚訝Google和蘋果還沒有想到它。在發送任何電子郵件或簡訊之前，我們需要一個彈跳視窗，上面寫著：「這段訊息很容易被誤解。是否要直接打電話給對方？」這會是一項**非常**有用的技術。但在它被發明出來之前，我們要記得問問自己這個問題。

不管是從哪裡學到的智慧，都是無價之寶，所以讓我們謹記以下教訓：會感到煩躁，可能代表你速度太快而無法保持平衡；擁有記憶容量，不代表要把一切都儲存起來；有時，放手是一件好事。經過考慮的延遲比直覺做出的反應來得妥當；最好在開始行動之前，先設定意圖。在進入別人的活動範圍之前，先看看是否有潛在的危險。在關閉任何東西之前，讓參與其中的人能有所準備，並盡量保持友好的關係。

科技也可以是你的人生教練，它會教你如何擁有更加平靜的正念生活。

72

跨越恐懼的界線

你所處的位置不代表你是什麼樣的人。

人都喜歡溫馨的小天地，就像貓喜歡紙箱一樣。將現實縮小到熟悉的大小，讓我們有安全感和控制權。很少人能夠真正享受總是懸而未決的感覺，我們大多想要快點讓事情塵埃落定。遺憾的是，這些事情可能也包括我們的個性和認同感。

如果你和大多數人一樣，你會相信自己無法突破極限。要離開熟悉的事物是非常可怕的，因為做出改變好像會讓自己變得陌生。你窩著的那個紙箱現在變成了你的身分，不惜一切代價都要緊緊抓牢。自我設限的感覺很安全。

接著，當你被丟出紙箱外時，通常恐慌和絕望會襲來。沒有熟悉的牆壁，你該如何是好？你可能還沒有準備好應對截然不同的經歷，但大部分的人都可以做到，並且去做。我們都有能力去應對。一旦你不再試圖宣稱事情不應該是這樣，以及快樂只有在某些條件下才會成立，你就能擴大視野。韌性存在於你的基因裡，只要你別堅決否定它。

事實上，人生中的巨大變化經常會讓你意外地感到自由。突然之間，你發現絕望的處境是一種禮物。如果你有選擇並留在安全的界線內，你永遠都不會採取新的做法。你會很振奮地發現，即使脫離了紙箱，你還是可以正常過活，人生也還是在繼續前進。有時，激烈的改變會產生強大的能量，大到讓你感到頭暈目眩，但也讓你從墨守成規的監獄裡被釋放出來。

顯然，你的內心深處想要獲得成長和體驗新事物，即使有點冒險。這個部分的你並不喜歡紙箱，也沒有因為恐懼而設下限制。儘管會產生正常的焦慮，但機會來臨時，你會感到興奮。恐懼還是存在，但當你真正的自我找到適合自己的事情時，內心的能量會提升。你會更有活力，也更靈活。

你所處的位置不代表你是什麼樣的人。或許有一個更大的自我正等著你去擴展，超越親朋好友為你設想的限制。人生中最美妙的感覺，是察覺自己比想像中還要有能力。在挑戰開始時，問問自己一個關鍵問題：「這是我內心深處真正想要做的事嗎？」如果答案是肯定的，不管你有多害怕都沒關係，會害怕才會成長。

一旦跨越可怕的侷限，你會驚訝地發現，自己之前竟然會願意待在這麼小的空間裡。成長讓你來到紙箱外面，人生變得更加寬闊。

73

別說自己懶

你是否用今天完成了多少「工作」量來評價自己？

我們很多人在成長的過程中，學到想要閱讀、看電視、打電動或從事其他放鬆的休閒活動，都是「懶惰」的。我們接收到的訊息是，除非我們去做事、解決問題或朝著某個可衡量的目標前進，否則就是一無是處。悠悠哉哉地閒晃是不行的，享受休息時間等於是在逃避責任。在很多家庭裡，特別是如果你的角色是幫情緒不成熟的父母提高自我價值，那麼你會一直有壓力，要去達成別人認為值得的事情。顯然，當個忙碌的人才是表現良好的人。

如果你在這樣的氛圍中長大，這種態度可能會被內化，讓你下意識地用當天完成了多少「工作」量來評價自己好不好。如果你認定自己沒有付出足夠的努力，甚至可能會徹夜難眠，擔心還沒有完成或還沒有去做的事情。

如果在你的身上發生了這種情況，請暫停片刻，想想你對自己的看法。我敢打賭，你對自己的感受、狀況或需求沒有太大的同情或興趣，你只把自己當作是順利完成工作的「工具」。在這些時候，生活的重點似乎是把清單上的待辦事項一一打勾，這樣就不用再擔心你是否做得夠好。

「需要休息」和「不想做任何事」都不是道德議題。你是好是壞並非取決於你的活躍度或積極度。你可以完成基本的工作，並享受閒暇時光。但如果你在無所事事時批評自己，那麼永遠都無法在休息時間補充能量。

針對想要放鬆的慾望，你的態度在在說明了你與自己有什麼樣的關係。如果你沒有達到預想中某種程度的成就，可能就會開始在精神上鞭打自己，彷彿在跟別人比賽誰比較有生產力。你開始像要搶得三冠王頭銜一樣，死命地驅策自己。如果你需要休息，就用批評來打擊自己。對這個瘋狂的選手來說，每一次你決定花一分鐘在自己身上，都是潛在的高風險損失。

但你想一想，這麼做的風險並不高。大多數的事情都沒有那麼緊急。我們對懶惰的恐懼，告訴我們正在為自己的價值而競爭，但並非如此。保持興奮和緊繃的狀態，一點都不會增加我們的道德地位，事實上，它產生的焦慮反而令人洩氣。有時，鞭打疲憊的馬兒會讓牠喪失信心並放棄嘗試。當你不想做某件事，然後說自己懶讓狀況變得雪上加霜時，也是同樣的道理。

試試不同的做法吧。當你暫時不想做任何事時，勇敢地抗拒不必要的自我批評，反駁它說：「別對我大吼大叫。我很好！」你通常可以把必要的事情做完，並且仍然有時間放鬆。不必為了表現良好而忙個不停。你已經夠好了。

74

為你的心騰出空間

重新獲得空間會減輕我們所沒意識到的負擔。

清理東西很難，因為我們永遠都不確定該丟掉什麼。我們擁有的一切，最初都是實用、美觀、有趣或舒適的。但是，一旦它進入家中，我們的大腦就會像遭遇沉船的倖存者一樣不肯放掉手邊的浮木，並告訴自己：「總有一天可能會用到，最好還是留著。」囤積的習慣就這樣養成了。

的確，如果一個東西留得夠久，你會發現它的用處——但你可能要等很長一段時間，它才會變得有用。當我過去把某個東西送走之後，才找到它的用途，常常感到扼腕。現在我會在心裡盤算，沒錯，我可能有機會再用到這件物品，但多年來都只是擺著，我需要它的機率微乎其微，不如讓別人現在就能享受它。

但丟掉你不再使用的東西，最重要的原因是，清除雜物能讓你頭腦清醒，給你喘息的空間。製造商和廣告商告訴你要把空間填滿，別讓它空蕩蕩的。他們暗示你，擁有更多東西就能擁有更多快樂。但家裡一定要有「空間」，你要有地方讓眼睛休息並打開心門。

宇宙幾乎都是由空間組成。如果星星密密麻麻地閃閃發光，填滿了黑暗，我們怎麼能欣賞它們呢？你會想在一袋垃圾裡看到一枚戒指，還是看到它被單獨放在黑色天鵝絨盒子中？如果你最喜歡的藝術品周圍的空間被填滿了，你能享受它的美嗎？音樂也是，連續不間斷的聲音轟炸會讓你感到悅耳動聽嗎？**不存在**和存在的東西同樣都是經驗的一部分。

廣告商很清楚這一點，他們總是在商品周圍留出足夠的視覺空間，絕對不會在亂七八糟的桌面上擺出最新型的電腦，也不會把新一代的榨汁機跟一大堆尺寸不合的蓋子一起擺在櫃子裡展示，或是把最新時尚單品混在過季衣物之中。相反地，他們賣的是一種幻想，彷彿這些物品將繼續擁有自己的個性，永遠保持著特殊的光環。他們知道這樣可以銷售產品並激勵買家，卻從來不提那些被衝動買下、最後進入垃圾場的物品。

我們在周遭看見的一切，都需要大腦消耗一丁點能量來處理。如果眼前有一大堆東西，我們會浪費腦力去追蹤。但當你環顧四周，看到開放空間時，會有機會來臨的感覺。你感到更輕鬆、更有創造力，珍惜自己所擁有的物品，因為它們的存在很突出，能夠啟發靈感而不是耗盡能量。

開放空間之所以吸引我們，是因為寬敞的感覺令人充滿活力和平靜。這樣的空間是我們充電的地方。別忘了，你填滿的每個空間都需要你每天消耗一點點能量來維持。我們可以在每件物品周圍創造小小的空間，來提升整體能量——沒錯，「每件物品」。當你清除雜物時，要下定決心只把空間留給值得的東西。

一旦動手，就別陷入多愁善感的情緒。由於情緒反應是你一開始衝動購物的原因，因此它不是可靠的指標。如果你讓自己被感覺牽著鼻子走，最後什麼都擺脫不掉，因為你一開始買下這些東西一定有個理由。你也不該去想像一些遙不可及的可能性，說服自己會去用到它們。

你要接受一個痛苦的事實，那就是你可能把某個東西送走**後**，才會找到它的用途。但這不代表你要一直把它留著，而是應該向自己**大聲說出**你當初購買它的具體原因，以及它為什麼不能留下的確切理由。

你不使用這個東西一定有原因，要把原因找出來。你可能買了一件襯衫，因為你喜歡它的顏色，但它根本不合身；或者你買了一個工具，因為它可以幫你節省時間，但你從來沒有學會如何正確地使用它。也許你會意識到，完全沒必要為了一個你想嘗試卻從來沒有付諸行動的嗜好，買這麼多新產品。

重新獲得空間會減輕我們所沒意識到的負擔。當你可以看到衣服後面的一小塊牆壁，或是儲藏室空出來的架子時，你會注意到自己大口呼吸。那深吸的一口氣是解脫和靈感的象徵，也是生活中有了思考空間的證據。假裝春天來了，捲起袖子大掃除吧。現在就是騰出空間來激勵自己的最佳時機。

75

生活即藝術

讓你的錯誤美得像是原本就該如此。

我終於明白，偉大的老師應該是什麼樣子。不管是哪一個科目，讓我們留下印象的老師會告訴我們普遍的真理，而不僅僅是具體的事實。普遍的真理在不同的情況下都有它的價值，遠遠超出了課堂的範圍。事實本身很快就消失了，而普遍的真理在未來的歲月裡都能支持我們。

我的美術老師黛薇・安・摩爾（Devi Anne Moore）教會我最深刻的真理。這位老師不只教導色彩和技巧，還在必要時提供諮商和人生哲學，讓學生不要那麼緊繃。她引導他們穿越創造力的迷宮，不只訓練他們的眼和手，也鍛鍊他們的心靈。黛薇教美術，也教生活。

當黛薇的學生想要運用他們從未嘗試過的高難度材料時，她可以預料到，做新的嘗試一定會帶來挫折感。所以她提前為他們調整心態：「如果你要做這件事，就必須下定決心，無論如何都要讓它行得通。」這樣就不會心猿意馬。放棄不是一個選項，既然你已經毀了你的畫，釐清接下來該怎麼做是整個過程中重要的一部分，而不是結束。別想從更容易的事情從頭開始。不管發生什麼，都要去接受，並讓它發揮作用。如果不能消除，那就改造成適合的樣子——讓你的錯誤美得像是原本就該如此。

對長期關係而言，這是多麼寶貴的一課，更別說應用在教養或任何形式的創作了。如果你在犯下第一個錯誤時拒絕放棄，比較有可能讓事情順利解決。

在我的美術課上，有個沮喪的學生曾經抱怨，與其經過多次嘗試終於可以畫出一幅滿意的作品，為什麼不能第一次就畫好？為什麼不能一次到位？（如果能力一直都在，為什麼還要走這麼多冤枉路？）黛薇指出：「因為所有的學習都在錯誤中發生。」

當你一心想追求完美時，很容易把犯錯當作是在浪費時間。你盤算著：「一次到位，把事情順利完成。」這樣最有效率了。但非常複雜的新任務必須從錯誤中學習，不可能一開始就精通。應該很少有職業運動員認為，因為紀錄有可能被打破，就要不斷去打破紀錄。當你肯花時間去進行各種嘗試時，就會得到深刻的學習。發現錯誤當下的即時回饋，是精益求精最快的方式。

我的美術老師在教導學生技巧時，也有一種奇怪的矛盾心理。她會示範技巧給學生看，但又擔心他們去使用。「別成為技巧的奴隸，否則每次都會用同一種方法去做。」這令人百思不得其解。重點不就是要用對的方法去做嗎？如果有人示範了正確的方法，為什麼不每次都這樣做？黛薇可不這麼認為。每一幅畫都應該用新的方法去呈現，找到此時此刻屬於自己的自然起點。畫面的感覺和色調會告訴你下一步該怎麼走，別按圖索驥。一旦學生開始對相同的技巧產生安全感，一遍又一遍地依樣畫葫蘆，黛薇就會去打破它。（你最好別讓她發現，你為了符合常規，而去犧牲畫面有機的整體性！）

多點創意、少點技術，生活會更加豐富！有多少活動可以受益於不同方法帶來的新鮮趣味，在當下是全新的，而不是過去那一套。如果黛薇的堅持可以讓我們呈現出活靈活現的畫作，你也可以堅持追尋生命中的精力泉源。如果你發現自己不斷在做一樣的事情，可能是時候拋開這個技巧，放鬆一下，讓精神引導你前進。

太在意有沒有照著步驟走，生活就會變得死氣沉沉。因為不完美而放棄，生命就會失去它的可貴。如果你把你的錯誤當成是人生這一幅畫作中短暫的筆觸，就會對周遭世界和自我更加滿意。與其咒罵自己的錯誤，不如聽聽另一位美術老師鮑伯・魯斯（Bob Ross）的名言，他說你應該把錯誤視為「快樂的小意外」，在自由揮灑時無意中造成的，它讓你更接近想要達成的目標。你可以善用你的錯誤，不小心走錯路所學到的教訓最難忘。找到回去的路並換個方式是可靠的作法。藝術是如此，生活的藝術也是。

76

你的餘生，你決定

變老不代表我們不再需要個人成就感。

幾年前，在我的簽書會上，一位年長的女士經過，看到我展示的書，停下了腳步，一副嗤之以鼻的樣子。我的頭銜似乎觸動了她的神經，她不屑地說，要她去思考自己應該成為什麼樣的人，早就為時已晚。她不高興的表情和下垂的嘴角說明了一切。她以為自己很實際，但她真正擁有的是沮喪的心情。

變老不代表我們不再需要個人成就感。你還是會有希望和夢想，還是會注意到帥哥美女，也還是會渴望得到更多幸福。真相是，你的心理不會特別受到衰老過程的影響。你可能會稍微慢下來，或得到一點智慧，但基本上，你永遠都是十六歲。滿足慾望的需求比鏡子裡的東西更加真實。

在內心深處，你是不朽的。你最基本的心理需求在七歲和七十歲沒什麼兩樣。你會像是時間永遠用不完似地去體驗人生。告訴自己太老了、太遲了，或者任何類似的自我設限，在心理上對你沒有好處，只會讓你覺得苦澀。你大可以去爭辯，隨著年歲漸增而不再追求成長，只不過是面對現實，但這種想法對你的靈魂來說是毒藥。

為什麼會是這個樣子？為什麼你的內在想要繼續成長，而外在卻不斷變老？

答案是，你活在兩個世界。猶太教有個神祕的創世傳說，宇宙誕生時分裂成兩個部分：一％的世界和九十九％的世界。一％的世界是我們非常熟悉的物質世界。每當有人感嘆說：「人生就是如此」，他們指的是一％的世界。那是簽書會女士的世界，也是身體會衰老的世界。

九十九％的世界則不是這麼一回事。這個看不見的領域充滿知識、喜悅和靈感。當你和這個世界產生連結時，將擁有一生中最快樂的時光。我們之間有些幸運兒知道如何通往這座能量倉庫。幾個世紀以來，發明家、作曲家和成功人士都一直信任這個世界。

在很大的程度上，晚年的心理健康取決於我們與「九十九％的世界」是否保持連結。這個世界是希望和樂觀的源頭，對大部分的身體健康來說也是。它知道鏡子會說謊，並堅持我們要不斷前進——在九十歲學到的事實仍然值得學習，在六十歲培養的才能值得投注時間，而在七十歲找到的愛情一如既往地珍貴。擁有這些信念的人往往更快樂，心理症狀更少，壽命也更長。顯然，這就是長生不老的感覺。

如果你認為自己太老、太窮、太怎樣，而將自己與九十九%的世界隔絕，你會感到身心貧乏。但一旦你與這個世界重新連結，生活又是一場盛宴。只要你持續不斷地認真過活，餘生可以被視為一場探索之旅，而不是一段刑期。

讓我們把話題轉回簽書會女士身上。她預期活到某個歲數就要停下來，於是把自己的年齡加一加，照一照鏡子，決定是時候到此為止。我知道她認為自己是明智的，就像設立遺囑或規劃財務的行為一樣。（給予一%的世界應有的關注是合情合理的。）不過，一旦這麼做了，把你的心靈禁錮在如此貧瘠的人生觀裡，可能是個壞主意。

在九十九%的世界裡，時間和年齡都不存在。它知道你對快樂的渴望比外在環境更重要，也知道生命不是死亡的彩排。如果有時這一點很難記住，那當然是可以理解的。畢竟，每一個人心中都有一名簽書會女士。用你的餘生給她一個驚喜，如何？

後記

現在你看完了這本書，我希望你感覺到更接近自我的真相和人生的本質。你眼前的道路有沒有變得更清晰？換句話說，人生不再像是情緒不成熟的霸道父母，總是要對你下指導棋，你現在可以把它想成是合作的冒險事業。這樣的話，我們就沒有虛度這段時光。事實上，對我來說，一旦你考慮認真看待自我照護的重要性，時間就沒有白白花費。

一旦你開始關心自身感受和經歷，就會讓自己更完整、生活更充實，人際關係也更歷久彌新。有證據顯示，當我們不再為了變得更好而吃盡苦頭，並將生活視為值得享受的事情時，往往會有更出色的表現。我希望這些洞見能讓你重視自己原本的樣子，而不需要變成另一個人。你存在的目的不是為了取悅任何情緒不成熟的人，而是為了成就自己。

當你開始以善意和同理心照顧自己，帶著你情緒不成熟的父母所缺乏的熱誠，就能探索一直以來都屬於你的各種可能性。你是自己最寶貴的資源，一切都是有用的，沒有什麼是不重要的。跟著你的能量走。別去聽任何人說的，只有透過自我犧牲才能證明你的價值，那樣的日子已經過去了。你要相信，人生會讓你知道什麼才是真正重要的東西。你的生命力是積極主動的，它知道自己需要什麼。只要保持這種精神，生活就會有意義。

把自己的人生掌握在手中，它就不會再被情緒不成熟的人劫持。我希望書中的洞見能持續鼓勵你，創造一個對自身和周遭世界都有益的真實生活。記得要好好照顧自己，因為你完全值得。

致謝

這本書能出版就像美夢成真，但如果沒有我丈夫史基普不斷鼓勵我，這件事也許不會發生。他看到了集結這些文章的價值，當我胡思亂想時，他總是要我堅持下去。如果沒有他的遠見和經常的提醒，這一系列著作可能不會問世。他願意以任何方式支持我，讓我有時間和信念完成這本書。我非常感謝他閱讀我的作品，給予回饋，幫助我專注在這項任務上。最重要的是，我感謝他一直都很做自己，並因此讓我快樂。

我要向我的姊姊瑪麗·巴布考克致上最深的愛意和謝意，在我辛苦地進行編輯，從二十年的寫作中挑選出最好的作品時，她願意閱讀數不清的書頁和文字，讓這件事變得有趣並樂在其中，總是不吝用讚美來鼓勵我，而且也願意告訴我，哪一篇文章她比較沒有那麼喜歡。我們多年來的討論和對書籍的共同熱愛讓我對她的直覺深信不疑，對於她付出的所有時間，我感激不盡。

泰絲莉亞・漢諾爾一直是我的寫作生涯最大的推動者。要不是與她在夏威夷偶然相遇，我所有關於情緒不成熟教養的想法和工作，可能永遠不會得到這麼多的曝光和讀者支持。泰絲莉亞，謝謝你給我機會，並相信這些想法。

我還要感謝珍妮佛・霍爾德出色的編輯和建議，以及我的經紀人蘇珊・克勞佛，她對我的點子感到興奮不已，讓我在出版界有了第一個立足點。

另外也要感謝《潮流女性》（*Tidewater Women*）雜誌發行人佩姬・史吉斯維達，她為許多作家的著作提供了一個家。如果她沒有給我出版的機會，我永遠都無法創造出這麼多的作品。佩姬是很棒的合作夥伴，她個人的寫作鑑賞力讓這本雜誌維持一貫的高品質。她總是讓我做自己和選擇題材。為此，我一輩子感激不盡。

謝謝艾絲特・雷爾曼・佛里曼一路上給我強大的支持和建議。我還要向琳恩・佐爾、金・佛比斯、芭芭拉・佛比斯、茱蒂・史奈德和亞琳・英格朗致上最深的謝意，他們在作品出版時給予的回饋總是如此鼓舞人心。一如既往，我一定要提到我最愛的卡特，他帶給我無限的快樂，並啟發我寫下所有教養文章，以及尼克，他讓我的心充滿溫暖和歡笑。

HEART
心|視野　心視野系列 115

父母情緒幼稚，該如何守護我自己

即使不被肯定，你依然可以欣賞自己的美好

Self-Care for Adult Children of Emotionally Immature Parents

作者	琳賽・吉普森（Lindsay C. Gibson）
譯者	洪慈敏
封面設計	鄭婷之
版型設計	theBAND・變設計—Ada
內文排版	許貴華
責任編輯	洪尚鈴
行銷企劃	蔡雨庭、黃安汝
出版一部總編輯	紀欣怡

出版者	采實文化事業股份有限公司
業務發行	張世明・林踏欣・林坤蓉・王貞玉
國際版權	鄒欣穎・施維真
印務採購	曾玉霞
會計行政	李韶婉・許俽瑀・張婕莛
法律顧問	第一國際法律事務所　余淑杏律師
電子信箱	acme@acmebook.com.tw
采實官網	www.acmebook.com.tw
采實臉書	www.facebook.com/acmebook01

ISBN	978-626-349-176-2
定價	360元
初版一刷	2023年3月
劃撥帳號	50148859
劃撥戶名	采實文化事業股份有限公司 104臺北市中山區南京東路二段95號9樓 電話：(02)2511-9798　傳真：(02)2571-3298

國家圖書館出版品預行編目資料

父母情緒幼稚，該如何守護我自己：即使不被肯定，你依然可以欣賞自己的美好 / 琳賽．吉普森 (Lindsay C. Gibson) 著；洪慈敏譯．-- 初版．-- 臺北市：采實文化事業股份有限公司，2023.03

320 面；14.8×21 公分．--（心視野系列；115）

譯　自：Self-care for adult children of emotionally immature parents : honor your emotions, nurture your self, and live with confidence

ISBN 978-626-349-176-2(平裝)

1.CST: 心理衛生 2.CST: 家庭心理學 3.CST: 親子關係

172.9　　112000687

采實出版集團
ACME PUBLISHING GROUP

HEART
心|視野

HEART

心|視野